すべては創造という思い込みの世界です

未来に向かって
「覚醒」するためのテキスト（完全版）

光の誕生

UME
宇女

文芸社

〈私の覚醒への論理的考察〉

　おめでとうございます！

　皆様の、地球上のすべての闇がひとつとなり次元上昇の要となりました

　ネガティブは忌み嫌うべきものではなく、私たちに与えられた試練であり、喜びなのです

　私たちはネガティブに対し先入観にとらわれ大きな勘違いをしていました

　感情という思い込みの中で、私たちはもがき苦しむ必要があったのです

　その苦しみ・悲しみ・怒りなどのネガティブこそがこの地球を救いました

　気づいていないかもしれませんが、私たち皆で力を合わせたのです

　ありがとうございました！

　私は、試行錯誤を重ねる中で、覚醒するにはワンネスから紐解くことしかないと確信しました。その結果「光の誕生」が生まれたのです。★★★のついている箇所は従来の文献では触れられておらず、この4つが理解できれば、覚醒への過程のすべてが繋がります。

　このテキストは、私が歩んだ覚醒へのプロセスをまとめたものです。

　人それぞれ覚醒への到達目標も進捗状況も異なります。しかし、すべてが腑に落ちなくてもまず自らを知ることが重要であり、気づくことで前に進むことができます。

　わからなかったら、ネガティブを吐き出し認めることです。そして、このテキストを何度でも読み返してください。プライドがなくなり、ピュアになり、本心に気づけば気づくほど腑に落ちていきます。理解できなくてもOKです。「わからない」ことに気づくだけで、あなたは覚醒に向かっています。もし、わかっていたら、あなたも、私たちも、この地球に生まれないからです。

創造という宇宙が進化・発展するために

1. 孤独から始まった感情こそがこの世界を創っている

   ★★★本当の孤独を知る

2. 感情を学ぶために地球に生まれる

3. すべての人が自分の人生を計画して生きている

4. **★★★本当の自分を知るために本心を吐き出し認める**

   「パンドラの箱」が開き本音に気づく

5. すべての感情は自分を守る「無償の愛」であり、等質である

6. 100%自分を信頼することで、周りすべてを信頼することができる

7. 最終目標である

   ★★★「あなたのためなら死ねる」という感情を学び、さらに「それが喜びである」ということに気づく

8. **光とは、本当の自分に気づき、自分で考えて生きることである**

9. 家族・友人・ペットなどへの依存と決別し、さらに自分からも自立し、自分自身を俯瞰することですべてを守ることができる

10. 2023年9月1日、地球全体の次元上昇後に残っていた最後の執着を手放すことで、最大の闇が消え、次々と覚醒者が誕生している

    ★★★どんなに頑張って生きても、命がけで闘っても叶わないことがあり、「悔しい」という感情が残っていたことを知り、認める

11. すべてに感謝する

    「あるがままの自分を認め、周りすべてを認め許す」

12. 「謙譲の美徳」

    すべてに対して「させていただきます」になる

13. すべての人は周りを守り、周り中から守られている

14. **一体化・ワンネスに到達**

15. さらに覚醒は続く

本当の自分を知るためには、すべての情報を受け入れるためのボディとキャパが必要だと気づく

今まで、溜まり続けてきた大量の怒りを吐き出すため、自然界では地震や津波、火山噴火などの災害が起きてきました。

しかし、吐き出さずに残っていた最大の怒りが今回の次元上昇の核となりました。

2023年8月31日

とてつもなく長い間、人々の心の奥底に封印されていた闇がいっせいに集まり、巨大な雷となり、水と力を合わせ、次元の壁を突破しました。

地球上のすべての人が協力したからこそ成功したのです。そして、二重にも三重にも覆い隠された次元上昇の秘密が、ついに明らかとなったのです。

2023年10月1日

新生地球が誕生しました。

はじめに

　はじめまして、このテキストの筆者です。

　ここに到達するまでに10カ年の月日が費やされています。すべてとは言えないかもしれませんが、私はできる限り腑に落としてきました。腑に落とすとは、身体（潜在意識）で「ああ、そうだ」と納得することです。腑に落としたその感情や思いは、言霊となって相手の心の奥にある魂に届きます。言霊は、ピュアな方や赤ちゃんだけでなく、動物・植物、そして山や川などの自然界や見えないあらゆる存在にも届きます。ピュアに対してはピュアな存在が反応します。つまり「類は友を呼ぶ」のです。だから、怖いと思ったら怖いことが起きます。それを避けるのではなく、自分自身と向き合っていくためのテキストです。原因はあなたの心にあるからです。

　浄霊付きの気功、セミナーや個人セッションを行う中で、私は相手の本音を引き出すことであらゆる問題を解決してきました。このテキストは、自分を中心にあなたが認識する世界は動いていることを知ってほしいとの願いを込めて書きました。だから、新しい考え方ではなくて、宇宙の考え方なのです。皆さんは全員その真理を知っています。気づかないだけなのです。思い出すだけなのです。

　中でも、困難を極めるのが、本当の自分を知ることです。多くの人は、自分の抱えている闇の存在にさえ気づこうともせずに生きています。「自分はできている。わかっている」と言う方ほど、闇（ネガティブ）が深く、まさか心の奥底にパンドラの箱があるなどとは夢にも思っていません。その闇が子どもの頃に傷ついたトラウマだとは知る由もなく、インナーチャイルド（子どもの頃の自分）が泣き叫び助けを求めているなど考えもしないのです。既存の価値観に振り回され自分を見失っているのです。

　問題を解決するには、パンドラの箱の上にバウムクーヘンのように何層にも積もったネガティブを吐きだし、自分の高いプライドを認める以外に方法はありません。吐きだし終わるとパンドラの箱が見えてきます。

　私のセッションは、相手のハイヤーセルフ（高次元の自分自身）さんとの会話から入ります。ハイヤーセルフさんの許可を得、その方の抱えているネガティブエネルギーを感じ、時には私が泣き、怒ることで、その方のネガティブを吐き出させます。その方は、原因を知ることでネガティブエネルギーが解消され、パンドラの箱を開けます。

数回の気功や個人セッションで開ける方も希にいましたが、ほとんどの方は数年かかりました。プライドの高い人ほど自分を守ろうとする意識が強いため、本音を引き出すのが難しく、パンドラの箱どころか、吐き出し方さえもわからない方が多く、そのような方には、時を待ち、タイミングを見計らって、真実を告げ、やっと開けていただきました。私も同じ体験をしたからこそできたことでした。**しかし、今はエネルギーの上昇に伴い短期間でパンドラの箱を開けています。**

　ほとんどの人が沢山の闇を抱えながらも表面をとりつくろい、自分を守ろうとしています。それがプライドです。病院の先生とか、大学の教授とか、指導的立場の方が多く、とりわけスピリチュアルな方はプライドが人一倍高いのです。そのような方は、自分の創った世界が崩れることを怖れ、自らの考えを変えようとしません。しかし、それもその方の決めた人生なので、幸せなのです。

　このテキストは従来のアプローチの手法とは真逆です。逆転の法則です。いえ大逆転の法則と言っても過言ではありません。皆さんがあれほど嫌がっている闇の中にこそ光があるからです。この法則に従えば、すべての問題が解決します。なぜなら「苦しんで良かった」となるからです。
　さあ、次々と明かされる真実を知った時、皆さんはその衝撃にどう向き合いますか?
　そそくさと撤収しますか?
　逃げても良いのです。つまり、まだそのタイミングではないからです
　陰でコソコソと反撃しますか?
　それとも、堂々と闘いますか?
　決めるのは皆さんです

　今、全人類が次元上昇に向かっています
　次々と覚醒者が出現しています

　しかし、沢山のネガティブエネルギーを抱えている方々は、これから大変なデトックスに見舞われることになります。身体に溜まったネガティブエネルギーを外に出さなければ、軽くなって上昇できないからです。私の仲間たちもデトックスを経験し、

確実に覚醒しています。若い方々は早く覚醒するでしょう。今までの考え方にしがみついている30歳後半からの方は、心の闇をひとつひとつ吐き出し認めていくことこそが覚醒への近道です。

このテキストは、本当に覚醒を目指す人への実践の書です。腑に落とすまで何度でも読み返してください。そして、<u>これまで気づきのために学んだことは、とりあえず脇に置き、自分を信じ、このテキストを信じ、私を信じてください。</u>

覚醒した方の特徴は、

まずピュアであること

学びたいと強い覚悟を持っている

大きな問題を抱えている

過去において死ぬほどの体験がある

沢山のネガティブがある

自己否定が激しい

プライドが高い

感じやすく病気がち

整体・マッサージ・気功・エステ・看護師などサービス業の仕事をしている

霊能力があると勘違いをしている

孤独か、あるいは沢山の友だちがいる

<u>テキストの読み方としては、</u>できるだけStep 1 から順番に読んでください。Step 1 は基本、Step 2 は中級、Step 3 は上級ですが終わりではありません。腑に落として進む度に、あなたは周りの変化を感じ「願えば叶う」という現象が起きることに驚くでしょう。

さらに上を目指したいのであれば、「あるがままの自分を認め、周りすべてを認めて許す。すべては1つ、ワンネス」を腑に落としてください。覚醒の最終目標に到達し、あなたは今まで固執してきた個人意識から解放され、全体意識へと上昇します。

さあ、あなたは闇の中に光を見つけることができるでしょうか？

はい、あなたは必ず見つけます。

その光を！

2022年3月1日

　ついに宇宙初の試み「生きたままの次元上昇」が始まりました

　今までは死んでから覚醒していました
「生きたままの次元上昇」するために、私たちはもう１つクリアすべきことが増えました

　身体も心も軽くなければ次元上昇できないからです

　潜在意識（＝本音）まで腑に落とすことが絶対的必要条件です

　身体は潜在意識に反応します

　本音になるためには「パンドラの箱」に閉じ込めた10〜20％の心を取り戻す必要があります

　つまり100％の自分になることです

　どれだけ霊的能力に優れているかは関係ありません

　パンドラの箱が開くと３次元のマトリックス（概念・枠）を越え宇宙の真理に到達します

　それが次元上昇です

目　次

Step 1　逆転の法則

序章

　こんなにも頑張って生きているのに、なぜ幸せになれないのか？

　幸せになりたいと願っている私に神は何も応えてくれない、何も教えてくれない。もう、神なんか信じるものか！　私は、ひとりで、ひとりで生きていく。

　これからは、神にも頼らず、ひとりで生きていくと固く心に誓った。

　気の遠くなるような時を費やし、ひたすら自分自身を見つめ続け、自問自答を繰り返し、ついに私はその答えを見つけ出した。それは意外なところにあった。あー、私はいったい何を追い求めてきたのだろうか。到達不可能かと思われていた答えは、まさに私の中にあったのだ。

　ぼう然としている私に、こくりとうなずくかのように、キラキラと目に見えない何かが声をかけてきた。

「そうだよ」と優しく囁く声に私の目から大粒の滴が落ちた。その瞬間パーンと何かがはじけると、周り中から一斉に声が聞こえた。

「おめでとう！おめでとう！おめでとう！」

　これが逆転の法則の始まりだった。

　なぜ到達不可能かと思われていたのか？

　地球上にある文献（覚醒・気づき・悟りのための書物等）は、重要な部分が欠落していた。そのため、難解となり覚醒は困難を極め、わずかな人しか到達できなかった。中には、恐怖を煽る（押しつける）だけの考え方もあり、恐怖は恐怖を呼び、覚醒から遠ざけてしまった。

ではなぜ覚醒するための重要な部分が欠落していたのか？

　それは私たちに学びの場として自己判断・自己決定を促し、残りの10〜20％は自分で考えてくださいというメッセージだった。私はある言葉の中にすべて顕われていることに気づいた。

　ある言葉とは何か？

　あるがままの自分を認め、周りすべてを認め、そして許す。すべては1つ、ワンネス。そうだ、「ワンネス」こそ、私たちが求め続けていたものだった。

　しかし、この言葉の本質を解読することの大変さを痛感し、私は再び考え続けた。この時、つくづく自分の性格を嫌った。私は、ものすごく諦めの悪い、執着心の強いストーカーみたいにしつこい性格で、良く言えばどんなに高くて厚い壁でも突き破ろうとする研究者タイプだ。

　そして、とうとう覚醒する方法を見つけ出した。

　Simple！　Simple！　Simple is the best！

　キーワードはシンプルだと気づき、誰でも理解できる内容となった。

　土の時代から風の時代への転換期を迎え、次元上昇のため、私がセミナーや個人セッションを通じ伝えてきた「修行なし、ハイスピード、超わかりやすい覚醒のための考え方」の集大成したテキストを公表する時が訪れた。

Step1　逆転の法則

　誰かに嫌なこと（ネガティブ）を言われたり、友だちと言い争いをしたりすると、気分が落ち込みます。また、気になることがあったりすると注意力が散漫となり、身体の動きが鈍り、コップの水をこぼしたり、怪我をしたりします。特に思い出したくない感情は「パンドラの箱」にしまい込み、なかったことにしようとしますが、そのエネルギーに引っ張られ同じようなことが何度でも繰り返されます。

　逆にポジティブな思いは気持ちがスッキリし身体の動きも軽くなり、良いことが起きてきます。

　良いことも悪いこともすべてのエネルギーは潜在意識に反応します。それは潜在意識こそが本音だからです。身体もまた自然界と同じくピュアなので、潜在意識に反応するのです。

　身体から外に出ていくものは、すべて吐き出しです。意識が上がる（ポジティブになる）と、身体は意識に追いつくために溜まったネガティブエネルギーを吐き出します。その時、体調が崩れたり、気分が落ち込んだりします。その症状がデトックスです。普通の人は2〜3日で回復しますが、ネガティブが多かったり、持病があったりすると長引きます。これを繰り返すことで心身共に軽くなっていきます。

【潜在意識とは、あなたの今の本当の気持ちです】

　なぜ「幸せになりたい」と思うのか？

　今が幸せでないからです

　なぜ「お金持ちになりたい」と思うのか？

　今が貧乏だからです

　なぜ「健康になりたい」と思うのか？

　今が病気だからです

　私たちは未来にも過去にも行けません。エネルギーを動かせるのは今の自分自身です。「幸せになりたい。お金持ちになりたい。健康になりたい」という願望は、未来のことです。エネルギーは今しか動きません。そのため、今現在の「幸せでない。貧乏である。病気である」が固定化してしまうのです。つまり、今の状況を変えることができれば、未来は変わるのです。しかし、そう簡単に現実を変えることはできないので吐き出し、それを認めます。すると、そのエネルギーは喜び、ポジティブエネルギーに変わるのです。すべてのエネルギーには、あなたが願うと同様に幸せになりたい、愛されたい、認められたいという承認欲求があるからです。

　例えば、「バカヤロー」と叫びます。そして「私は、こんなにも不満を持っていたのか」と知り、それを認めます。すると、バカヤローさんは、認めてもらえたことがうれしくて凄いスピードで外に向かって散ってしまいます。言葉もまた承認欲求を持っているのです。

1．自分軸

★★★本書の目的は、自分軸を創ることです。

自分軸とは、周囲の声とか多種多様な情報や評価に左右されない自分自身を確立すること、すなわち自立した精神です。

大木が大地にしっかりと根を張り、環境の変化や自然災害に耐えているように、あなたが自分軸を持って生きることで、あらゆる困難にも立ち向かって行けます。大木は水分が足りない、日当たりが悪いなど過酷な環境であればあるほどしっかりと大地に根を張ります。

人も同じです。家族関係や社会状況にこだわらず揺るぎない自分軸を持つのです。幼い子どもの頃に自分軸の芯ができます。

■自分軸を創るために必要な10の質問

Q1．あなたにとって大切なものを挙げてください。その中で一番大切なものは何ですか？

Q2．あなたは無人島に漂流してしまいました。1つだけ欲しいものを手に入れることができるとしたら何が欲しいですか？

Q3．ケンカや対立はどうして起こるのでしょうか？　それらを止めるには、どうすれば良いと思いますか？

Q4．あなたは何のために生きていますか？（生きがい）

Q5．あなたにとって自分の命より優先するものはありますか？

Q6．死に直面した極限状態に陥った時、あなたはどうしますか？

Q7．家族や親しい知人に病気や事故等の不幸が続いた場合、あなたは何を感じますか？

Q8．夢や希望を叶えるためには、どうすれば良いと思いますか？

Q9．あなたにとって幸せとは何ですか？　それを手に入れるために何が必要ですか？

Q10．もし肉親が犯罪に巻き込まれて殺されてしまったら、犯人にどんな感情を抱きますか？

本書を熟読した後、もう一度この質問に答えてください。

皆さんの答えが皆さんの今の真実です。

　最初、私も皆さんの答えとほぼ同じでしたが、このテキストの完成と共に、今は全く違う答えになりました。次のページに私の回答があります。また変わるかもしれませんが今の私の真実です。

　★自立とは、他人からの支配や援助なく、自分の力で考えて生きようとすることですが、ほとんどの人が３次元の大きな概念に振り回されています。

　★自分軸を創るために最も必要なことは、「**本当の自分を知る**」ことです。

　Q１〜Q10は極限状態を想定しています。皆さんがこれらの質問に正面から向き合うことで自分の本当の気持ちに気づかされます。

　★覚醒を志す過程で、他の文献やセミナーに多大な影響を受けている人は、自分の知識とこのテキストを比較しがちです。今まで培ってきた概念や先入観に振り回され、本書への信頼が希薄となり、気づきが遅れる懸念があります。そういう方々はスピリチュアル界の放浪者と言われています。

■自分軸を創るために必要な10の質問に私なりの答えを出してみました。

Q1. あなたにとって大切なものを挙げてください。その中で一番大切なものは何ですか？

　　A1（最初の答え） たくさんあります。一番は彼と猫たちです。

　　A2（熟読後の答え） すべて大切です。一番大切なものはありません。

Q2. あなたは無人島に漂流してしまいました。1つだけ欲しいものを手に入れることができるとしたら何が欲しいですか？

　　A1. 大好きな人か、またはアラジンの魔法のランプ。

　　A2. ありません。強いて言えば、逃げ出すためのテレポーテーションする能力。

Q3. ケンカや対立はどうして起こるのでしょうか？　それらを止めるには、どうすれば良いと思いますか？

　　A1. 皆プライドがあるからです。身近な友だちが巻き込まれていたら、仲裁に入り命がけで止めます。戦争とか暴力事件は自分の力では無理だと思うので、あきらめます。

　　A2. 孤独が嫌だから、自分を守ろうとしているのです。吐き出し認めるだけです。

Q4. あなたは何のために生きていますか？（生きがい）

　　A1. 年金をいただき、猫や犬と山奥で生きることです。

　　A2. 感情を学び、浄化（認める）するためにこの世界に生まれましたが、本当は大好きな彼氏や仲間たち、犬や猫に囲まれて執筆活動をすることが生きがいです。

Q5. あなたにとって自分の命より優先するものはありますか？

　　A1. 彼氏と猫たちです。

　　A2. ありません。すべて同じです。

Q6. 死に直面した極限状態に陥った時、あなたはどうしますか？

　　A1. 自分の命を守ろうと闘います。

　　A2. 認めるだけです。そして、その極限状態が他の人ではなくて私で良かったと思います。

Q7. 家族や親しい知人に病気や事故等の不幸が続いた場合、あなたは何を感じますか？

　　A1. なぜ止めることができなかったのかと、悔しさから自分を責めて苦しみ続けます。

　　A2. 皆自分の決めた人生を生きているのだから幸せだと思い、無償の愛を送ります。

Q8. 夢や希望を叶えるためには、どうすれば良いと思いますか？

　　A1. 大きな夢や希望は無理だとあきらめ、小さな夢や希望に方向転換します。

　　A2. 既に幸せなので必要ありません。しかし、必要となれば、どうなっても良い、すでに叶っている、あるいは絶対大丈夫だと考え自分を信じ周りを信じます。

Q9. あなたにとって幸せとは何ですか？　それを手に入れるために何が必要ですか？

　　A1. 大好きな人と犬や猫と生きることです。そのために一生懸命稼いでお金を貯めます。

　　A2. この世界で今を生きることです。たくさんの仲間をつくることです。

Q10. もし肉親が犯罪に巻き込まれて殺されてしまったら、犯人にどんな感情を抱きますか？

　　A1. 肉親の場合は法が裁いてくれます。法で裁くことのできない大切な罪のない犬や猫の場合は絶対に許しません。犯人だけでなく犯人の子々孫々まで呪ってやります。

　　A2. 肉親からは自立しているので、肉親にも犯人にも無償の愛を送ります。しかし、犬や猫の場合はちょっと考えさせていただきますが、呪うことなく許せると思います。

2. エネルギーの流れに添った考え方

　風の時代を迎え、私たちは価値観を転換すべき岐路に立たされています。今までの３次元的な考え方は限界に達し、新たな方向性を模索しています。それは、「**エネルギーの流れに添った考え方**」で、これからの時代を生き抜くための必要不可欠な条件であり、最も自然なものです。

　エネルギーの最も基本的な考え方は、

　★★「**すべてのエネルギーは意思を持っている。そして今しか動かない**」

ということです。

　<u>今を生きることでしかエネルギーを動かすことができない。過去も未来も私たちはそこに行けないので、人生を変えることができない。</u>だから、すべてを今に持ってくる。すなわち、「あるがままの自分を認め、周りすべてを認め許す」ことでしか変えることができません。この考え方を身につけることで、気づくことができます。気づけば、そこが「ゼロポイント」なのです。

　皆さんは、運命を信じますか？　私は信じます。なぜなら、

　★★「**私たちの人生はすべて私たち自身で計画したものだからです**」

　不幸であると思い込んでいる人も、その境遇を甘受し、自分の世界では主人公なのです。すべての人が幸せなのです。それぞれが自分の世界を持ち、自分を核に周りを見ています。80億の人が皆、自分の世界を自分で創っています。生まれた国が、育った地域が、会社が、学校が、友だちが、家族が、人生が、考え方が個々で違い、その時に置かれている立場で対応が変わってくるからです。例えば「ありがとう」という言葉をとっても、それを使う人によっても、TPOによってもすべて異なるのです。あなたのすべてを理解できる人は、この世界、いえこの宇宙でたった１人、自分自身だけです。他人と比べることこそが間違っていたのです。あなたは生まれた時から唯一無二の存在なのです。

■エネルギーの特徴

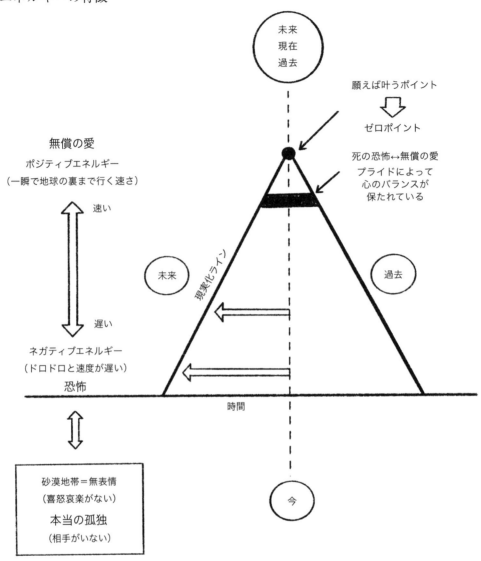

★★本当の孤独とは家族も友だちも知人も誰もいない世界

　ある出来事に感情が伴うと、人はしっかりとそれを記憶します。一方、記憶したくないほど辛い状況におかれると、人は孤独に陥り記憶を失います。すなわち無感動の世界に突入します。これが心の砂漠地帯です。すると喜怒哀楽がなくなり、事実を事実と受け止める力を失います。例えば、最愛の我が子や相手を失った時とか、自分の身に死の恐怖（極限状態）を感じた時などに起きることがあります。

■ポジティブエネルギー

　精神的には、喜び、幸せ、楽しい、嬉しい、好き、愛、感謝、尊敬、人のために何かをしたいなど前向きです。瞬速で、肉体的には身体が軽い、肌の透明感、体温が高い、明るい気分、病気になりにくい、自然治癒力が高まる、視野が広がり色鮮やかに見えるなどです。

　ポジティブエネルギーの最高は「無償の愛」と言われています。しかし、その反対側には「孤独」があります。

■ネガティブエネルギー

　ネガティブはその逆で、妬み、嫉妬、怒り、心配、不安、差別、非難、批判、憎しみ、苦しみ、悲しみ、寂しい、嫌い、怠慢、無知、偽善、辛い、良くないプライドなどです。速度が遅いのでエネルギーが身体に溜まり、むくみ、だるい、重い、肌の黒ずみ、体温が低い、気分が落ち込む、病気になりやすい、視野が狭く色あせて見えるなどです。

　ネガティブエネルギーの一番下は「恐怖」と言われていますが、さらにその下に「孤独」が隠れています。その理由は感情を伝える相手がいないからです。人は無視されることが最も怖いのです。

■ポジティブエネルギー ⟸⟹ ネガティブエネルギー

　私たちの心の中は、ポジティブとネガティブ（光と闇）の2極の世界です。その時の状況に応じてエネルギーが変化します。自分の創っている世界と同じ方向性の現象が起こるかどうかで、エネルギーは変化するのです。

　例えば、無理だとあきらめていたのに、突然のプロポーズにビックリ、もう嬉しくて嬉しくて誰かに報告したくなります。エネルギーが凄いスピードで拡散します。最高の喜びを感じるからです。

　逆に、失恋すると落ち込みます。愛を失い孤独を感じるからです。

3. 今何が起きているのでしょう？

　アトランティスの悲劇に象徴される地球に、蓄積されたネガティブエネルギーの浄化が終了し、2023年3月3日、すべての次元上昇が始まりました。

　★★★ただし、**身体に溜まったネガティブエネルギーを浄化する必要があります。**どうするかの選択はあなたの自由です。

　★私（UME）の浄化とは、きれいにするのではなく、対等な関係でただ認める、あるいは「ありがとうございます」と感謝の気持ちを伝える。

　認めることによって、自分の波動も上がります。しかしきれいにするとなると、汚れているからだとなり、神様に対してとても失礼になります。たとえば、初めて会った人から「きれいにしてあげる」とか、「○○をどうかお願いします」と僅かなお金で言われて気分が良いかどうかです。

　お願い事がある場合は、近所の通い慣れている神社やお寺、または親しい関係のご先祖様が良いでしょう。

　★多くの人は今何が起きているのか気づいていません。しかし、野生の動物に危機管理能力が備わっているように、すべての人が本能的に現在の状況を把握しています。ネットワークにより、伝令（メッセージ）を受け取っているからです。だから、気づいても気づかなくてもOKです。

　★スピリチュアルな世界では、たくさんの情報が飛び交っています。間違ってはいませんが確かではありません。なぜなら、世界は常に変化しているからです。怖れを抱かせるような情報は、皆さんを焦らせ窮地に追い込み、自分で考えさせようとしているだけです。恐怖を感じたなら、「なぜ」と自分の心と向き合うことが重要です。

　★宇宙はアセンションに向けてすべてを揃え、誰もが気づき簡単に行けるようにと、

次元上昇のチャンスを与えることに考えを改めました。

　免罪符などどこにもありません。ひたすら自分見つめをしてください。

2012年

12月21日〜23日頃　マヤ暦の終結

　　　　ここから新たな時の流れが始まる

2020年

11月1日　死の恐怖について宇宙より

　　　　★★★「死は新しく生まれ変わるための再生であり、幸せになるためで
あった」と降りてくる

12月1日　★★★すべての人が新DNAになる

　　　　ただし、ON・OFFを決めるのはあなた

　　　　★★★カルマフリーになる

2021年

1月1日　風の時代を迎える

2月1日　次元上昇するためのGOサインが発動される

　　15日　地球とゼロ磁場の惑星が重なる

　　　　地球全体がゼロポイントになる

3月20日　宇宙の元旦

　　　　エネルギーが変化し続ける

2022年

2月22日　天岩戸が開かれる

3月1日　時間短縮で現実化が速まり覚醒が始まる

7月20日　UMEメンバー20名で富士山に向かう

北口本宮冨士浅間神社参拝

不二阿祖山太神宮参拝

青木ヶ原樹海で富士山を浄化

★富士山が噴火しないパラレルワールドになる

★光と闇が手を結ぶ

9月よりUMEとして、お礼参りと浄化が始まる

■群馬県　前橋市　赤城山の大沼、小沼・赤城神社（富士見町）・二宮赤城神社・赤城神社本宮（三夜沢町）高崎市　榛名神社　みどり市大間々町　貴船神社・神明宮　太田市　生品神社・世良田東照宮・八坂神社・新田神社・高山神社・大光院・新田寺・金龍寺・伊佐須美神社　藤岡市　鬼石神社　富岡市　一宮貫前神社・妙義神社

■埼玉県　秩父市　秩父神社・三峰神社　長瀞町　寶登山神社　本庄市　金鑽神社

■長野県　分杭峠・諏訪大社下社秋宮

9月8日　出雲大社（島根県）・嚴島神社（広島県宮島町）・嚴島神社（尾道市）参拝

　　9日　神々の協力の元広島市を中心に光の柱が建てられ、広島原爆被害者の浄化

長崎原爆被害者の浄化

10月10日　大内宿浄化・高倉神社（福島県下郷町）・伊佐須美神社（福島県会津美里町）と御仮屋殿の浄化

　　11日　安達太良山より福島県東日本大震災の浄化

　　17日　噴火前の赤城山まで遡り、弥生縄文時代の浄化

赤城神社本宮（三夜沢町）の最終浄化終了後に女神降臨

地球全体を過去まで遡り浄化を繰り返す

10月26日　阪神・淡路大震災の浄化

27日　京都の浄化

11月18日　滋賀県の浄化

19日　京都の浄化

20日　大阪の浄化

22日　栗生神社（群馬県桐生市）にて１人が神域に到達（３次元のマトリックスを抜ける）

23日　次元上昇を祝うため赤城神社本宮（三夜沢町）に神々集結

関東全域の浄化が始まる（関東大震災・東京大空襲などの被害者）

12月14日　３名の次元上昇を持ってピラミッド型次元上昇成功確定

23日　東京都慰霊堂・靖国神社参拝

2023年

1月14日　木曽三社神社・甲波宿禰神社（群馬県渋川市）参拝

3月3日　★すべての次元上昇が始まる

15日　江島神社参拝　　海への鎮魂を行う

20日　宇宙の元旦　　貴船神社（群馬県大間々町）参拝

23日　日本神社（埼玉県本庄市）・安盛寺（上里町）参拝

地球上のブラックホールに繋がる異次元の入口を浄化

30日　地球全体が虹色になる

4月1日　★虹色地球誕生

エネルギーの上昇に伴い身体のデトックスが始まる

4日　成身院百体観音堂・石神神社（埼玉県本庄市）参拝

詳細については、YouTube「UME 世界浄化チャンネル」をごらんください。

4. 本音に気づくために自分自身を知る

　すべてのエネルギーは意思を持ち、小さな赤ちゃんのように純粋無垢なのです。宇宙は1つのエネルギーの突然変異から始まりました。エネルギーは外部からの刺激にとても素直に反応します。

寂しい ⇒ 感情 ⇒ 孤独

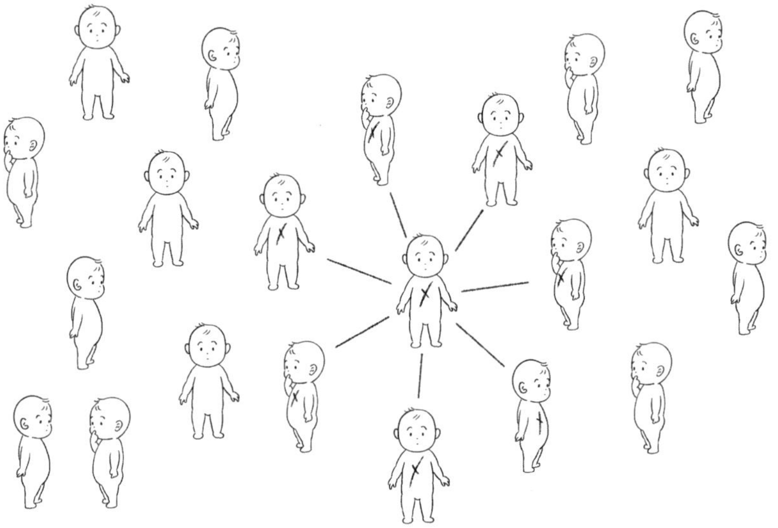

　ひとりの赤ちゃんに小さな小さな傷がつきました。

　いつものようにその赤ちゃんが皆に言いました。

「ねえ、ねえ、遊ぼ！」

　すると、皆が言いました。

「なんか、お前、変」

「えっ、僕のどこが変なの」とその赤ちゃん。

「わかんないけど、変」

　と皆が口を揃えて言いました。赤ちゃんは考えましたが、

「変じゃあないよ」と言いました。だけど皆は、

「変、変、変」とその赤ちゃんから逃げました。

「待って、変じゃあないから、遊ぼうよ」と赤ちゃんは皆を追いかけました。

　皆とその赤ちゃんは、長い間追いかけっこをしましたが、赤ちゃんはついに追いかけることをやめました。赤ちゃんは、とてつもなく長い間ひとりぼっちでした。そして、赤ちゃんに寂しいという感情が生まれたのです。あまりの寂しさから、とうとう赤ちゃんは分裂し、沢山の友だちを創ってしまいました。その分裂した友だちにも同じように感情がありました。

〈宇宙の認識論〉
　思考を持つ魂の出現→感情の誕生→光→電磁場→物質化

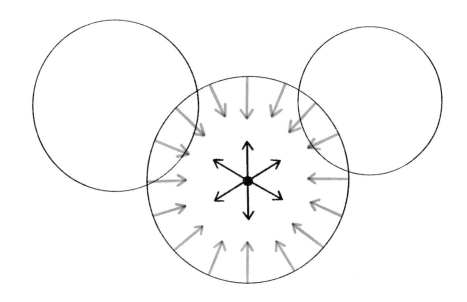

　この図の示す通り、中央の球体があなたであり、球体の大きさはキャパにより人それぞれであり、見える世界が異なります。

　ポジティブエネルギーになればなるほど、世界は広がります。そして自分で思ったこと、言ったことは、必ずブーメランのようにあなたに戻ってきます。周りはすべてあなたの心の写し絵（鏡）なのです。だってすべてはあなたの思い、あなたの創った世界だからです。

今のあなたは、自分の考えを抑え、周りを見ながら自分の立ち位置を決めていませんか？　それは間違いです。すべてあなた自身が中心です。あなたの中に神がいて、あなたが世界の創造主なのです。

現実は、多くの人が自分の立場や家族の平穏な生活を守ろうと、言いたいことも言わずに日常生活に埋没し、都合の良い神にすべてを依存し、自分軸を放棄しています。

★また、あなたが「自分は出来ている」「自分より偉い人がいる」「気の毒に」「かわいそう」「この人を何とかしたい、助けたい」「教えてあげる」などと思った時、もう一度自分を見つめ直してください。

その姿勢こそが競争・比較の産物であり、上から目線（プライド）なのです。
困難を伴うとは思いますが、相手が誰であろうと同等の立場で考え発言することこそが重要です。

★★★すべての感情は等質です。
地球に生まれてきた目的は、あらゆる感情を学ぶためです。しかし、人はそれぞれの感情に良いとか悪いとかの区別をします。幸せになるのが良い、不幸は良くない。死は怖い、生きることが良いなどと決めたのはあなたです。だから、あなたが変われば周りすべてが変わります。

★これからはキャパを広げ、自分を、家族を、友人を、国を、地球を守るのです。生きていくために！
この世界に人間として生まれ、自分を守るために沢山のエゴが生まれました。身体があるから、家に住み、食べて、服を着るのです。相手がいるから、恋をし、結婚し、子どもが生まれるのです。良い生活をするために、学び、働き、お金を稼いできたのです。愛する者を、家族を守るために闘ってきたのです。

5. 顕在意識と潜在意識

あるがままの自分とは、本音とか、素直（ピュア）とか言われます。

多くの人は不平・不満を我慢し、本心を周囲に気づかれないように本音と建前を使い分け、人間関係を円滑に保ちます。

■顕在意識は氷山の一角です。

私たちの意識は氷山にたとえられます。氷山は全体の９割が水面下にあり、私たちに見えるのはたった１割に過ぎません。顕在意識と潜在意識も同じような関係にあり、私たちの意識は周りにはほとんど気づかれず、さらに潜在意識の奥にはパンドラの箱があります。

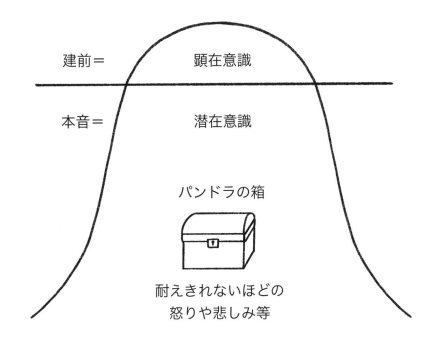

人は、周囲と歩調を合わせるため演じ、顕在意識が世の中を上手く渡るため感情を自己制御します。

では本当の自分の感情はどうするのでしょう？

周りに気づかれないように潜在意識にしまい込み、時々ウサバラシをします。

あなたはどのようにストレスを発散しますか？

身体は心（本心）に素直に反応します。

例えば、喜ぶ時は、ワクワクドキドキ表情が明るくなります

　　　　　怒る時は、カッカッ熱くワナワナと身体が震えます

　　　　　悲しい時は、涙が出ます

虚勢を張ってどう演じようと感情がある限り避けられません

あなたが思ったこと、言ったことの責任はすべてあなたにあります

身体はあなたの心に従っているだけですから

ロボットは愛を知らないから感情がありません

★人は話す相手がいるから、そして愛を知っているから沢山の感情があるのです

<u>感情って何でしょう？</u>

<u>感動するってどんな時でしょう？</u>

もう一度考えてみてください

大好きな人から食事に誘われたら、喜んで行きますが、嫌いな人に食事に誘われた場合はどうでしょう？

お見合い相手が好条件を揃えているにもかかわらず気が乗らない、だけどお金もない、高学歴でもないなど理想とはほど遠いのに、一緒にいると楽しいのはなぜか？

ドラマとか映画とかで、人のために命がけで助けた主人公に感動するけれど、いざ自分がその場面に遭遇すると、恐怖で動けなくなるのはどうしてでしょうか？

動物虐待は良くないと思うのに、自分が食べている牛肉、豚肉、鶏肉や魚はおいしいと思うことは良いのでしょうか？

★自分や家族など大切なものを失いたくないと切羽詰まった状況でなければ、心は動かない。孤独になりたくない、つまり自分を守ろうとしているからです。

個人セッションの実践例

対象者Ａ＝20歳の若者・独身・個人事業主

Ａ「家に引きこもっています。誰にも会いたくないし、仕事もしたくありません」

私「あなたにとって大切な人はいますか？」

Ａ「いません」

私「ご両親は大切ではないのですか？」

Ａ「はい、大切ではありません。強いていえば、お客様です」

私「何がしたいのですか？」

Ａ「死にたいと思います。何のために生きているのかわかりません」

私「それでは、なぜあなたはここに来たのですか？」

Ａ「えっ」

私「人を求めて来たのではないのですか？」

Ａ「そーだ、そーだ、僕は人を求めていたんだ、人のために生きたかったんです」

その瞬間、Ａの指先が細くしなやかに伸び、手の平はオレンジ色になり、手の甲は黄色になっていました。Ａは自分の本心に気づき、本当の姿を見せてくれました。

Ａ「ありがとうございます。気づきました」

私「寂しかったのですね。孤独だったから気づけたのです」

Ａ「僕は自分のやりたいことがわかりました」

私「良かったです」

　Ａは死にたいという言葉とは裏腹に、生きたいという気持ちがあることに気づいていませんでした。自殺願望の強い人でも、多くの場合本当に死にたいとは思っていません。「死にたい」と言葉で吐き出したり、リストカットをすることで周囲に助けを求めているのです。認めてほしいという承認欲求なのです。

　苦しい、辛い、死にたいなどという感情は、自分を守ろうとするプライドであり、自分への無償の愛であり、さらに本心と向き合うことからの逃げでしかないのです。

■肉親や知人への憎しみの深さは愛情の裏返しです。

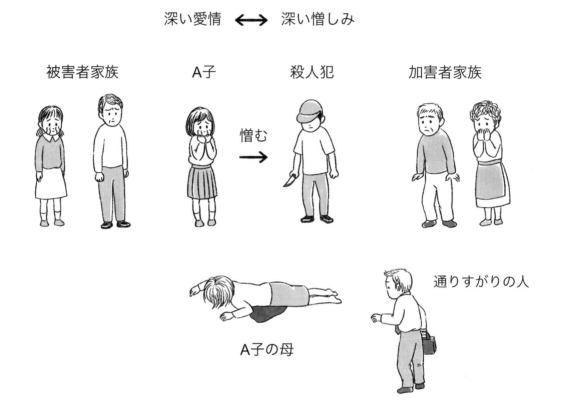

深い愛情 ⟷ 深い憎しみ

被害者家族　　　A子　　　殺人犯　　　加害者家族

憎む→

A子の母　　　通りすがりの人

１人の女性が通り魔に殺害されました。

　その女性が娘A子さんの夢枕に立ち話しかけます。
「A子、お母さんは知らない人に殺されてしまいました。でも私は犯人を憎んではいません。けれど、A子が犯人を憎み続けると、犯人も苦しみ、その両親も『こんな子に育てたつもりはないのに』と地獄の苦しみを味わいます。そして通りすがりの人も『助けられなかった』と苦しみます。私の家族もまた苦しみ続けます。私はそんなお前の姿は見ていたくない。A子、お願いだから犯人を許して、幸せになってください」

Ａ子さんの母親になって考えてみるとわかります。親も子もお互いに不幸である姿を見続けるのは辛いことだからです。愛する者にはいつも笑顔でいてほしいのです。

　　あなたは身内が殺されたら、犯人をひどく憎むでしょう。でも殺されたのが隣の人だとしたら、知らない人だとしたら、どうでしょうか。身内のときのような感情が湧くでしょうか。そう、人は人間関係の距離感によって、犯人への憎しみの度合いが異なるのです。

　　★★★人間関係の距離感こそが愛の実態であり、愛があるから憎しみが深いのです。

　　あなたから見える周りすべてが鏡です。その憎しみはあなたの感情であり、犯人を憎めば憎むほど必ず自分に跳ね返ってきます。それも何倍もの強さで。だから、あなたは犯人を憎んでいるつもりでいても、自分自身を憎み苦しめることになります。

　　司法界には「罪を憎んで人を憎まず」という名言があります。あなたの感情を認め犯人を認め許すことでしか、あなたの苦悩は解消しません。犯人は罪を償うとともに今後どう生きていくか、塀の向こう側で己と向き合わなければなりませんが、それは犯人の世界であり、かつ行動の結果責任として、自ら大変な苦しみを背負って生きていくことになります。

　　最初は違和感があると思いますが、人生とは学びの場であることを念頭に置き、自分自身としっかり向き合って、必ず腑に落としてください。

■相手のすべてを認めると変化が起きます。

本音には本音で対応
Bさんも解消
仲良しになる2人

2人がケンカをしています
2人が文句を言っています
2人とも心の中は妬み・嫉妬です

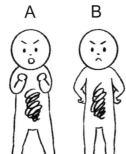

Aさんは妬み・嫉妬が解消
Bさんはまだ少し妬み・嫉妬がある
BさんはAさんの心を読みます

解消しない場合は離れる

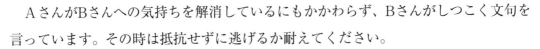

　Aさんが B さんへの気持ちを解消しているにもかかわらず、B さんがしつこく文句を言っています。その時は抵抗せずに逃げるか耐えてください。

　その様子をうかがっていた A さんのハイヤーセルフ（ピュアな意識を持つ A さんの本質）が動きます。A さんが B さんに対するネガティブな感情をクリアしていると、A さんのハイヤーセルフが、B さんのハイヤーセルフに対して、「やめてください」と申し立てができます。すると B さんのハイヤーセルフは「わかりました」と B さんを A さんから引き離します。やがて、B さんの A さんに対するネガティブな気持ちがクリアされると、また2人は出会うことになります。

多くの人は80〜90％の感情を表に出しますが、対人関係を円滑にするために感情を押し殺すことも少なくありません（力関係や組織の上下関係等で不本意な行動を取らざるを得ないことはよくあることです）。感情を表に出さない人はクールとも言われますが、心の中ではどれほどの怒りや悲しみが煮えたぎっているかわかりません。日本人には感情を制御（コントロール）するのを美徳と考える風潮が昔からあったようです。

■では、押し殺した10〜20％の感情はどこにあるのでしょうか？
　そのことは「墓場まで持って行く」とう言葉があります。私は自分で作ったオルゴナイトの中に私の心の一部をしまい込んでいました。
　皆さんもどこかにしまい込んでいます。それを取り戻し、100％本音で生きようとすることでエネルギーの変化が起きてきます。それが「今を生きる」ということです。この瞬間だけエネルギーが動きます。

　♥未来とは、今この瞬間の連続です。幸せな未来にするためには、今この瞬間を本音で生きる（今の状況を認める）ことが必要なのです。

6. あるがままの自分

■何のためだと思いますか？

動物が動物を攻撃するのは ──→ 生きるため

人間が動物を攻撃するのは ──→ 生きるため

人間が人間を攻撃するのは ──→ 生きるため

★★人も動物も命の重さは同じであり、生きるためです。

動物にも家族があります。動物はピュアで無償の愛を知っています。人間がこの地球を支配しているので動物を殺しても良いのですか？　これは人間のおごりです。自分の手を汚さずに、旨い旨いと平気で動物を食べています。バッグや財布、毛皮にして身につけています。それは良いことですか、楽しいですか、嬉しいですか、当然なことですか？

■人間が生きるために動物たちを攻撃するのに、なぜ彼らは人間に報復しないのでしょうか？　何も考えていないからだと思っていますか？

動物が人間を攻撃するのは、差し迫った危機を逃れようとする時だけです。

★★★動物たちは今を生きているからです。

家族を殺されても仕返しを考えていません。将来殺されるとも考えていません。人間たちにどれだけひどいことをされても、動物たちは無償の愛で私たちを支えているのです。

さらに、動物だけではなく、すべての生物、自然界にはネットワークがあり、呼びかけに呼応し、一斉に行動します。それができるのです。映画とか漫画とか小説の世界で起きていることは本当のことなのです。でも彼らは、自分たちの欲のためには動きません。無償の愛が成立した時にだけ動き、命がけで私たちを助けようとします。

火災が起こり、火が広がらなかったのは街路樹のお陰だと言われますが、その通りです。だけど、本当は木が枝を動かして火から私たちを守ってくれていたのです。木は意思を持って動くことができるのです。

この真実に気づいた時、あなた方は大変な苦悩を強いられます。それを避けるためにプライドがあるのです。人間は特別な存在、すなわち地球の支配者で何をしてもいいという思い上がり（プライド）があなたを守っているのです。

👽でもまだ腑に落とさないでください。

今のあなたには、その真実に心が耐えられないからです。覚醒してから、あなたは気づくことになります。けれど、これだけは知っておいてください。私たちは、プライドというネガティブエネルギーに命を守られていたことを。

例えば

自分の子どもが虫を殺したり、動物を殺したりしたら、あなたは子どもに向かってどう反応しますか？

可哀想だからやめなさいと注意しますか？
蚊とかハエとかなら殺しなさいと言いますか？
カブト虫とか蝉とかの場合は、殺すことをやめなさいと注意しますか？
猫や犬を虐待したらどうしますか？
戦争や殺人事件を子どもにどう説明しますか？
殺人は悪いことだけど、戦争での殺人は良いと説明しますか？

私なら、
「あなたが動物を虐め殺したなら、なぜそうしたのか、私にわかるように説明しなさい。お母さんも、魚や肉などたくさんの殺された動物を食べています。虫もたくさん

殺しています。けれど、それは生きるためです。だから、あなたも殺した動物を食べるべきです。遊ぶためだとしたら、殺してはいけない」と注意します。

👽子どもに注意する時は、自分の犯した罪を認めてからにしてください。子どもは矛盾があると、本音と建前を使い分ける「大嘘つき」になります。

■<u>過去・未来のすべての感情をネガティブなものであれ、ポジティブなものであれ「今」に持ってきて認めるだけです。</u>そのまま無視するのではなく、手放すのでもなく、変えるのでもなく、封印した心の闇を解き放ち、ただただ正面から向き合い真実を認めるだけです。だって、すべての感情は大切なあなた自身だからです。

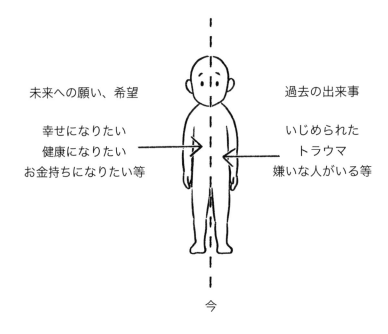

カルマフリーになったとしても、私たち人間は平気で動物たちを食べたり、その毛皮を身にまとったりしています。本当の自分がいかに残酷であるかという真実に気づいたなら、今のあなたは人や動物や自然界を非難批判できる立場ではなくなるのです。その資格がありません。それでも非難批判したとしたら、ほとんどが自分に跳ね返ってきます。あなたは、自分で自分自身を責めることになってしまいます。

7. 希望の光

■あなたの光（希望の光）は、どこにあると思いますか？

　あなたは自ら光を封印し、心の中の絶対に見つからない場所に閉じ込めています。簡単に見つからない場所です。だって、すぐ見つかってしまったら、この地球での修行にならないからです。さあ、あなたは、自分の光を見つけることができますか？

　音は言葉でありエネルギーであり、そして大切な心でもあります。ピュアな音は猛スピードで拡散します。だから、幸せは一瞬と言われています。闇は大切な心を門構えで囲っています。実は、この門の中にこそ本当の心（無償の愛）が隠されていたのです。大切なものだから門の中（心の奥）にしまい込んでいたのです。

■どうすれば、心を解放することができるのでしょう。

　<u>自分自身の目線を誰よりも落とし周りを見直します。ゴミや虫ケラ以下まで落とすことで、周りすべてのエネルギーと繋がります。つまり、すべてを好きになれば良いだけです。自分の闇の中にこそ光があります。上ではなく下を目指してください。</u>

善も悪もないのですか？

　その通りです。ではあなたはなぜそう思えないのでしょうか？

★問題はあなたの感情にあります

★良いとか、良くないと思っていたのはあなただからです

　元々善も悪もなかったのです。大切なものをパンドラの箱にしまい込んでいる自分自身を知ることだけでも良いのです。いずれ認めることができるようになります。

8. 認める

　自己中心的で私利私欲にまみれている人は、ネガティブエネルギーが充満し、ストレスのために身も心も病んでしまいます。一方金銭欲や支配欲にとらわれず我が道を行く人は、エネルギーが上昇します。

　水が高いところから低いところに流れるようにエネルギーは移動し、親しい関係であればあるほど影響を受けてしまいます。例えばピュアな子どもやペット、観葉植物や電化製品などは、ネガティブエネルギーを吸収してくれますが、限界を超えると調子が悪くなります。

　★ピュアであれば、自然界などピュアな存在とコミュニケーションが取れます。

　動物や植物にコンピューターのようなネットワークがあるように、人間にも同じ能力があります。中でも赤ちゃんは自然界と同じようにとってもピュアなので、その能力が高いのです。ピュアなエネルギーは、軽くポジティブで気持ちが良いので、周り中が受け入れてくれます。すべては、そうやって繋がっています。

　★どんなに悪いことをしてもその行為が認めてもらえると人は素直になるように、どんなエネルギーでも認められると嬉しくなり、凄い速度で体外へ拡散します。

　例えば、会社で上司に注意された時、山の頂で「〇〇課長のバカヤロー」などと大声で叫ぶとスッキリします。

　★ネガティブエネルギーをすっかり吐き出してから、本心を認めることをお勧めします。

★生まれてから今日に至るまで、あなたが長い間溜め込んできた鬱積した思い（ネガティブな感情）を、我慢しないで怒り泣きながら、心の中が空っぽになるまで、どんどん吐き出し、それがどんな感情かを知り、変えることなくただそのまま認めてください。

　あなたは、あの時は絶対に許せないと思ったけれど、今はもう許していると思い込もうとしても、そのときの感情はそのまま残っています。子どもの頃は今と違い、あなたはとってもピュアだったので、その時の感情をもろに感じてしまい、パンドラの箱に閉じ込めてしまったのです。

　★それが大人になっても解消されないと、その感情はさらにネガティブエネルギーを集め、肉体的にも精神的にもあなたを窮地に追い込んでいきます。

　絶対に許せない人やこと、死にたくなるほどの苦しみや悲しみ、屈辱、怒り、憎悪など、その時の心境を思い出してください。

　どんなに好きな人でも愛する家族でも、相手に対しネガティブな感情が潜んでいます。今は大好きだけど、もしその大好きな人が、自分の思い通りにならないと、可愛さ余って憎さ百倍となります。その時の感情こそが本物です。

　吐き出した言葉がどんなにひどくても、それは相手の感情でなくて、あなたの感情です。「お前なんか大嫌いだー」と叫んでも、実際は自分のことを言っているのです。だから、本当の自分を知り認めると相手も変わるのです。

　★すべての感情はあなたのものであり、自分を守ろうとしています。そのため、まず自分が一番影響を受け、ネガティブな感情であればあるほど、身代わりになろうとする自分の身体への負担が大きいのです。

話す相手がいない場合や他人には聞かれたくないことは、１人の時に吐き出してください。私は車の中で大声を出して毎日10分でも20分でも叫び泣きわめいています。内容によっては、２時間でも３時間でも心の底から「ウー嫌だーーー」と唸っています。その後、その感情があったとあるがまま認めます。すると奇跡が起きます。

　それでも認めることができなかったなら、できないことを認めてください。許せないことを認めてください。そして、認められない原因を追求してください。

　★その原因の多くは子どもの頃にあります。もうどうなっても構わないと覚悟すると、思い出したくない過去（パンドラの箱）が見えてきます。その頃の記憶のない人もいますが、自分を守ろうとする人には絶対に見えません。

　★★★このテキストの要なので繰り返します。どんな感情もあなたのものです。

　嫌いな感情があるということは、自分自身の一部をあなたが嫌っていることになり、周りにも嫌いなものがあるということになります。あるがままの自分を好きになることで、周りすべてを好きになることができるのです。なぜなら好きなものはあなたのために動きますが、嫌いなものはあなたのためには決して動いてくれないからです。

　これまで覚醒を目指した人は、瞑想・断食・滝行などの荒行や苦行などによって、自分を極限状態に追い込み本当の自分を知ろうとしました。

　★★時代は変わりました。覚醒への門戸は大きく開かれています。
　地球全体のエネルギーが上昇しています。意識が上昇すると、置いていかれた身体が意識に追いつこうと必死にデトックスを始めます。デトックスが終わると、身体が軽くなります。

★★★あなたが覚醒を望むなら、必ず吐き出してください。

この方法を会得することで、あなたは自分自身の光を見つけることできます。そこがゼロポイントです。そうしないと、本当の自分を見つけることはできません。そして覚醒を目指すため、従来のような命がけの修行をすることになります。つまり、**極限状態になることで本当の自分を知るからです。**

★**自然界が浄化するように、イヌやネコも、飼い主のネガティブエネルギーを引き受け浄化する能力があるのです。**一般的には癒しの効果と言われています。しかし、ネガティブエネルギーを引き受けたペットの能力が限界を越えると、具合が悪くなります。さらに、飼い主の命にかかわる時は、身代わりになろうとさえします。無償の愛です。

〈実践例〉

ピュアである動物は病気になっても悪くなるとは思っていないのです。なぜなら自然界すべてが死を恐れていません。

ある時、飼い主の依頼を受け、具合の悪いペットに遠隔でエネルギーを送りました。しかし、良くなったり、悪くなったりを繰り返し、なかなか十分な効果が現れなかったので、影響を与えている飼い主の家族を遠隔したところ、そのペットは瞬く間に回復しました。大家族ほどわかりにくいのですが、ほとんど仕事をしている人に原因があり、外から持ち込まれたネガティブエネルギーを子どもやペットが引き受けてくれていたのです。

まず、「そのペットがどうなっても良い、死んでも良い」と吐き出して、次に絶対大丈夫と無償の愛のエネルギーを送ります。そのペットに対するネガティブエネルギーを吐き出すことで、ポジティブエネルギーだけが行くので、未来が変わり治るのです。ピュアな子どもやペットは心配エネルギーが行かなくなれば、すぐに回復します。ネガティブな思いは症状を重くしてしまうので、吐き出しが必要なのです。

〈上級編〉覚醒してから試みてください。

　改善が見られない場合は、そのペットに対する不安や心配な感情を断ち切るために、イメージでそのペットを剣で刺します。人の場合も同じです。膝の悪い人には、その膝にたくさんの槍が刺さることをイメージすることで痛みが改善します。

　★★★つまり、剣や槍で病気や不安などのネガティブエネルギーを切るのです。これがイメージングです。現実化する前に防ぎます。それは、ストレスを解消するのと同じ効果がありますが、相手や自分の闇（ネガティブ）を十分吐き出してからなら、スパッと切ることができます。少しでも相手や自分を守ろうとすると、ためらいが生じます。まだ自分の感情に振り回されています。<u>自分を信頼し、相手を信頼することができれば、本物の無償の愛が成立し、何のためらいもなくネガティブな感情を切ることができます。すると素晴らしい奇跡が起き、自分も周りも変わります。</u>

　👽しかし、ネガティブを沢山抱えている方は、エアーといえども相手を剣で切ったり、槍で刺したりしないでください。あなたが期待したような効果は望めず、呪い返しとなり、自分の身体や精神に大きな影響を及ぼします。

　👽吐き出し方のわからない方は。

　極限状態までの追い込みが足りていません。本気ではないということです。さらに「私は他の人とは違う」という上目線のプライドが邪魔をしています。他人との協調性が少ない上に、他を認めようとするキャパが狭いのです。

　優先順位の問題もあります。大切なものを守ろうとすると本来の自分を見失ってしまいます。守りたいものがあればあるほど、自分に対しても他人に対しても信頼度が低くなります。

　また、他のエネルギーに飲み込まれ盲従する人もいます。自分の中に愛している人、大好きな人、偉い人、凄い人や怖い人、信頼している人や畏れている人などがいる場合は、良く考えてみてください。相手の強いエネルギーに振り回されているのです。コロコロ気分が変わる場合も同じく周囲の強いエネルギーに翻弄されています。

♥遠隔の基本の心構えは無償の愛です。

　以前、ある人の下で「遠隔の方法」を学ぼうとしましたが、費用が捻出できず断念しました。しかし、お金がなかったことが幸いし、私は独力で遠隔を身につけることができました。その方法の概略を説明しますが、初めはエネルギーのわかる人と試してみると良いでしょう。

　まず、送る相手を目の前にイメージして、エネルギーを送ります。その時、相手のすべてを認め好きになることが重要です。「命がけであなたを守ります」という覚悟を持って、相手に対して「認めます、感謝、ありがとう、大好き、愛している」などと声をかけます。一点集中し、自分も相手も信じ無償の愛を送り続けます。初めは5～15分くらいが良いでしょう。エネルギーが伝わるのがわかったら、時間調整をしてください。

👽嫌いな人の場合には、相手に対するネガティブエネルギーを吐き出してから遠隔をしてください。

　エネルギー交換が起き、嫌いな相手にあなたのネガティブエネルギーが行きます。しかしあなたの身体は、自分が発したエネルギーの影響を相手以上に受けてしまい、苦しむことになります。

👽中でも「呪い」というエネルギーはとてもネガティブで重いために、相手に影響を与えることはできない上に、あなたは何倍にも膨れたそのエネルギーを自ら浴びてしまうのです。つまり、相手のエネルギーの方があなたよりポジティブであるために、その呪いのエネルギーはその相手を素通りしてしまうからです。

★呪いだけでなく、妬み・嫉妬・怒りなども思っただけでエネルギー交換し、相手よりも自分が大きく影響を受けます。そのエネルギーはとてもネガティブであるためにゆっくりと動き、相手に届くまで充分時間があります。

　あなたが知るだけでもそのエネルギーは喜びに変わります。自分や家族を守るためにも吐き出し認めてください。

〈エネルギーの流れ〉

身体に溜まっている速度の遅いネガティブエネルギー

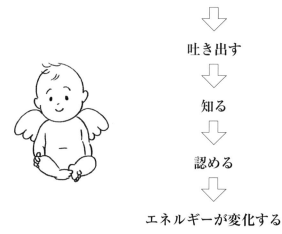

⬇

吐き出す

⬇

知る

⬇

認める

⬇

エネルギーが変化する

流れをせき止めていたドロドロのネガティブエネルギーが

前向きなポジティブエネルギーに変わる

⬇

エネルギー交換が起き、自分も相手も変わる

⬇

すべてのネガティブエネルギーを吐き出しきると、ピュアになる

すべてとつながる

周り中から応援される

支え合いが起きる

　裁判で実刑判決を受けると刑務所に収監され、刑期を終えると晴れて自由になります。教会の懺悔室で罪を告白すると、牧師が言います。「神はあなたの罪を許します」。どちらも、自分の行為を心から反省できれば気持ちがスッキリします。

　吐き出されたネガティブエネルギーを認めると、人は素直に反省します。裁判官や牧師ではなく自分自身で認め許します。すると心の中で変化が起きてきます。どんどん吐き出してください。ピュアな自分が見えてきます。

9. 生きる力

　このテキストを熟読し、腑に落とした人にはわかります。わかるまで繰り返し読んでください。

　♥何のために生きているのか？

　問：余命３ヶ月と診断されました。あなたはどうしますか？

　まず、自分で自分を追い込んでみます。追い込めばあなたが気づくはずです。身体はあなたにメッセージを送っています。「生きてください」と。あなたはそのメッセージにどう答えますか？

　多くの方が残り３ヶ月を有効に使って、好きなことをして過ごす、好きな人に会って楽しみたいと答えました。

　でも、私は死にたくないので、どうしてこんな病気にかかったのかと原因を追求します。昔のことわざで「敵を知る」「敵に塩を送る」とあるように、その病気を知り、受け入れ、向き合い「ごめんなさい」と自分の身体と和解します。そして一緒に治る方法を考えます。

　♥両親の愛とは何でしょう？

　問：ある国で実験のため、生まれた赤ちゃんたちにミルクとおっぱいだけを与えました。その赤ちゃんはどのくらい生きたと思いますか？

　愛情がなかったため、赤ちゃんたちは生きようとしませんでした。立ち上がることもなく２歳になる前に全員亡くなりました。

　今のあなたが生きているのは、親の無償の愛があったからです。愛は生きる力なのです。

♥光と闇、ネガティブとポジティブ、善と悪、これらの対極は何のために必要なのでしょうか？　ここでは**不条理の法則**について考えてみましょう。

　問：「獅子の子落とし」ということわざがあります。なぜライオンのお母さんは子どもを崖から突き落とすのでしょうか？

　ライオンのお母さんは、子どもに生きることの厳しさを教えるのです。

　家庭では、お父さんやきょうだいがライオンのお母さんの役を演じます。お兄ちゃんやお姉ちゃんが弟や妹をいじめます。彼らにはそれなりの理由があります。

「お前は成績も良いし、運動神経も良い、友だちも沢山いるし、親から特に可愛がられているから憎らしい」

　普段は優しい父親なのに、仕事で面白くないことがあると子どもたちを怒鳴ります。

「うるさい、静かにしろ」

　いつでも何をやっても自分の思い通りにいくほど現実は甘くない。その不条理さを両親やきょうだいから学ぶのです。こうして育った子どもたちは、たくましく生きていきます。学校でいじめにあったからと自殺してしまわないように家庭は子どもにネガティブを押しつけます。ネガティブは子どもたちの命を守る究極の無償の愛なのです。

　♥生きる力とは？

　問：極限状態になった時、なぜ動きがスローモーションのように見え、過去の出来事が走馬灯のように思い出されるのか？

　極限状態とは、命に関わるような危機的状況のことです。

　私たちは、そんな状況が目の前に迫ってくると危険を回避しようと時間を延ばす能力を発揮し、すべての動きがスローモーションとなり、活路を見い出そうとします。

　火事場の馬鹿力も同様です。またパニックに陥る人もいますが、それは個々人のキャパの問題です。

人間は追い詰められると他のことは考えられず本能的に命を守るという一点に集中し行動します。その瞬間、すべての人が思いもよらない超能力を発揮します。極限状態の中で、他人のために生きようとした時にこそ、最大の力を出すことができます。

　この世界が終わろうとした時、多くの超能力者が出現するでしょう。守るものがあるから生きようとするのです。あなたには素晴らしい力があるとネガティブが気づかせてくれるのです。ネガティブには、生きる力が隠れていたのです。

「バターロールの奇跡」より引用

　ノラ犬を拾ったことから私とうめの物語（実話）ができました。その中のワンシーンです。

　愛犬うめが生後４ヶ月の頃に、私の義理の姉から受けた仕打ちがトラウマとなり、２年の歳月を経てトラウマを乗り越えるシーンです。うめは自分のことを雌犬なのに僕といいます。そして私のことをネネと呼びます。

トラウマの克服

　２歳になっていた。ネネは週に１度のペースで、僕を仕事場に連れて行った。初めのうちは外でつながれて待っていたが、室内犬になった１歳半頃から事務所の中に入れてもらえるようになった。

　事務所の中では、用事のない限り自分用の敷物（バスタオルを半分にして作った足ふきマット）から出ることなく待つことができた。喉（のど）がかわいた時は、ネネが用意し

てくれた皿が置いてある洗面所に水を飲みに行き、チッチをしたい時は、ネネの体にトントンすれば庭に出ることができた。昼食やおやつの時は、来客用テーブルを囲み、ネネの隣の椅子に座ってネネや従業員と一緒に楽しく過ごした。僕はとっても行儀の良い犬だったのである。

　事務所の西側の母屋には、経営者の所長、奥さんの室長、中学生のそうちゃんと小学生のたくちゃんの４人が住んでいた。僕は事務所の従業員も所長の家族も皆好きだったが、そうちゃんだけは苦手だった。それは、そうちゃんが知的障害者だったからではなく、僕に向かって足蹴りのまねをするからだ。

　最初、そうちゃんは僕を怖がり、

「ぶーぶー」

　と言いながら、遠くから僕を蹴るまねをした。それを見た僕は怖くて怖くて、

「ワンワンワン」

　と吠え立てた。

　しばらくすると慣れてきたのか、そうちゃんはそばに来て、

「あーあー」

　と言って、僕に触れようと手を伸ばしてくるようになった。しかし僕は、

「ウーウー」

　と唸って逃げた。

　吠えたり、唸ったりしてネネに叱られることはほとんどなかったが、仲良くすべき相手を（敵意を持って）唸った時はこっぴどく叱られた。しかし、そうちゃんの場合は例外だった。ネネは決して僕を叱ることはなかった。それは、ネネが僕のトラウマを理解していたからだった。僕は事務所の中を自由に歩き回れたが、ネネはそうちゃんだけには近づけないようにと常に気を使っていた。

　ところがある日、いつものようにネネが事務所の玄関で僕の足をタオルで拭き、

「はい、うめちゃん、中に入っていてね」

　と言われて僕は中へ。

「・・・」ハッ。

　一瞬体が凍りついた。わずか数メートルの至近距離に大嫌いなそうちゃんがいた。

「・・・」ネネ、ネネ、早く来て、そうちゃんがいるよ、どうしよう・・・。

　ドックン、ドックン、心臓が爆発しそうだった。そうちゃんが近づいてきたら、逃げるのか、吠えるのか、唸るのか、それとも噛みつくのか、僕は迷った。だけど、もし僕がそうちゃんに噛みついたら、一番困るのはネネだ。

「・・・」どうする、どうするんだ・・・。

　究極の選択を迫られていた。

　そして、意を決した。次の瞬間、僕はタッタッタッとそうちゃんのそばに行くと、

「・・・」そうちゃん、おはよう。

　と、しっぽを振ってあいさつをした。ネネは玄関で心配そうに僕たちの様子を見守っていた。自らそうちゃんに近づいた僕を見て、

「やっとそうちゃんと仲良しになれたね、ありがとう、うめちゃん」

　と声をかけてくれたネネの目に涙がにじんでいた。

「・・・」ネネ、ネネ、僕はそうちゃんにあいさつできたよ。

　僕はすごくうれしかった。

　僕はネネのために勇気を振りしぼって頑張った。息子の服を汚したというだけで、鬼嫁（兄嫁）は生後４ヶ月の子犬の脇腹を蹴った。その後、蹴る振りをするそうちゃんに怯え、勇気を持って行動に移すまで２年もの間このトラウマを抱えていた。ネネと出会い、ネネを信頼し愛することで、噛んではいけないこと、相手を許すことを学んだのである。そうでなかったなら、恐怖のあまり反撃に出て相手を傷つけていたかもしれない。

　僕はついにトラウマを克服したのだ。このことが自信となり、僕の生き方に大きな影響を与えた。僕はようやく兄嫁を許すことができた。

51

10. 無償の愛

　私は幼い頃から動物や植物と会話をしていましたが、犬や花と会話ができると言うと変な人と思われ、周りから理解してもらえませんでした。私には、18年間寝食を共にしたうめという愛犬がいました。私がうめちゃんと呼ばれるのはそのためです。うめは雌犬なのに僕といい、私のことをネネと呼んでいました。

　亡くなったうめが突然仔犬の姿で現れ、私に究極の命題を与えてくれました。
「ねえ、ネネ、僕と知らない子どもが川で溺れていたら、ネネはどっちを助ける？」
　私は絶対うめを助けると思いましたが、
「ネネ、僕の話を聞いて。僕を助けないで隣の子どもを助けてください。もしネネが僕を助けてしまったら、ネネはその子を助けられなかったと一生悔やむに違いない。僕はそんなネネの苦しむ姿は見ていたくない。お願いだから僕を助けないでください」
　とうめは言うのです。

　私は無償の愛について考えました。
　Q1「我が子と他人の子が川で溺れています。そこにはあなたしかいません。あなたはどうしますか？」

自分の子　　　　　他人の子

この質問を約40名の方にしました。うめと同じ答えはたった２人。38人の方は我が子でした。当然といえば当然です。

　我が子を助けた場合、自分の命も省みない無償の愛です。しかし、これは愛する我が子を失いたくないという条件付きの無償の愛です。

　我が子を二の次にして他人の子どもを助けた場合、無償の愛が成立し奇跡が起きます。あなたの行動に感動した周り中（自然界を始めあらゆる存在）が人知を越えた力でその子に手を差しのべます。でも、これも助けたいという条件付きの無償の愛です。

　Q２「もう一つ３人が助かる方法があります」
　あるとしたら、それこそが本物の無償の愛になります。しかしながら、その現場に居合わせた場合、人はどんな行動に出るかは想像がつきません。参考として知っておいてください。

　答えは、２人とも助けないです。ですが、これは絶対に２人は助かるという強い信念を持って自ら行動を起こさない、必ず助かると自分を100％信じた瞬間です。あなたが助けたいという思いや行動にかられた時、今にも子どもの命が危ないというネガティブエネルギーがあります。自分を100％信じられない時は助けてください。

　Q３「なぜ３人は助かるのでしょう」
　★★最も感動する瞬間、エネルギーは最大に動きます。ピュアになりきれれば、感情こそがエネルギーを動かし自らの思いを現実化する。つまり自分自身を信頼することは、周り中のあらゆる存在を信頼することになるからです。
　私たちが周りに認めてほしい（信頼してほしい）と思うように、周りすべての存在（エネルギー）もまた承認欲求を持っています。だって私たちの感情が創った素晴らしい世界だからです。

■価値観の転換期　物から心へ

〈土の時代〉　　　　競争・比較の原理

物質的豊かさを競う＝欲望は増大する

支配欲から、恐怖で相手を縛ろうとする

★自分を守ろうとするエゴ

プライド（相手を押さえ込む＝枠）

〈風の時代〉　　　　協力・調和の原理

心の豊かさを求める＝平穏

相手のすべてを認め、尊敬・感謝する

相手を全力で守ろうとする

★自分の命よりも相手を大切に思う

特定の相手（家族・友人・知人だけ）	すべての人
条件付きの無償の愛	無償の愛が成立
アトランティスの悲劇が繰り返される	エネルギーが最大に動く

※無償の愛とは、相手からの見返りを一切求めず相手を愛することです。無償の愛はアガペー
　に近い愛の形です。

※アガペーは、自分が相手に愛を注ぎ、自らは犠牲になってもよいという考えのもとに成り立
　ちます。もしも愛する者が自分ではない誰かを選んだとしても相手の幸せを最優先に考え願
　う。このような犠牲を伴う愛がアガペーです。

11. 陰陽

　この図は3次元の2極の世界を表します。万物すべてのものは陰と陽で構成されています。見えている世界は、あなたの心の中の光と闇であることに気づいてください。

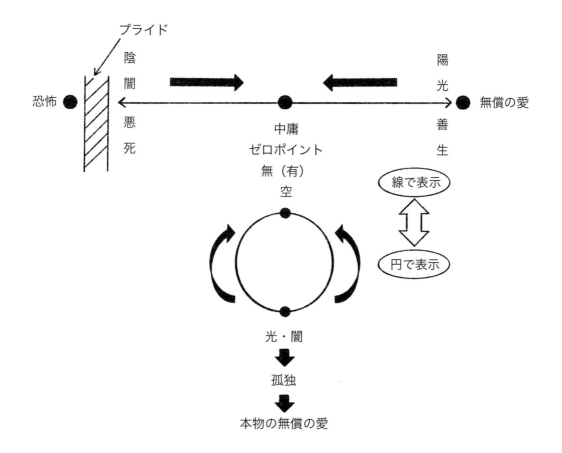

★対極であると思われた光と闇が同一のものであると気づく。
不必要なプライド⇒見栄のためのねつ造、改ざんした過去（対外的）
必要なプライド⇒自らを支える（内面的）

あなたが最低最悪の状況で生きる価値すら見いだせないと感じたら、言い訳や自己弁護することなく、そのまま認めてください。どん底に落ちている人は気づきにより自分にとって最高（光）を目指します。交通事故であれ、病気であれ、どのような状況であっても死に直面した人は、その危機を脱すると、生きているだけで最高の幸せだと感じます。

　どうしてでしょうか？
　★人は極限状態で闇の奥底にある死よりも恐ろしい孤独の存在に気づくからです。
　生死の境目で肉体的苦痛や精神的苦悩から逃避したい、死によりすべてを完結させるなど死は逃げだったのです。

　では、なぜ死の淵からカムバックしてくるのでしょうか？
　★まだ自分が守らなければならないものがあると気づくからです。このままでは死ぬに死ねない、やり残したことがあると思うからです。
　試練は人を鍛えます。沢山の試練を抱えている人ほど大きな愛（無償の愛）を持っています。このような経験を踏まえた感情こそ尊いのです。しっかりと自分自身と向き合い、高く厚い壁に立ち向かってください。あなたは必ずその光を見つけることができます。

12. 感じる力・感じられる力

怒り　嫉妬　妬み　喜び　幸せ
不幸　悲しみ　怠慢　無知　差別　比較
区別　愛している　好き　嫌い　批判非難　恐怖
寂しい　辛い　苦しみ　尊敬　感謝　ありがとう
傲慢　頑固　プライド　憎しみ　病気　死
（心に渦巻く様々な感情）

俯瞰する
客観視する

※俯瞰するとは、広い視野で全体を把握することである。

※客観視するとは、主観の対義語であり、第三者の立場から物事を見るというニュアンスが強い。

■エネルギーを動かす力とは？

　目の前で愛する者の命が危険にさらされている時、人は何も考えずにその人を助けようとします。その時、自分に降りかかる危険は一切かえりみず、ただ助けたいという一念しかありません。これを普遍化するためには、**あるがままの自分を認め、そこに覚悟を加えます。人は覚悟をした時、あらゆる感情を乗り越えます。**

　社会的地位や命が危険にさらされようと、自らの信念を貫くことで地位や命よりも信念に基づいて行動する自分の背中を押してくれる力、それが覚悟であり、その思いがパワーとなってエネルギーを動かします。

**　あらゆる感情を学ぶために必要な力（能力）とは、感じる力・感じられる力です**

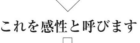

これを感性と呼びます

感性のすぐれた人は芸術作品を生み出します
これこそがあなた自身の新しい未来を作りあげるのに最も必要な力です

★宇宙は常に進化・発展しなければならない
だからこそ、私たちは沢山の感情を学ぶためにこの地球に生まれてきたのです

13. すべては1つ、ワンネス

「本当の自分に気づき他人のために今を生きる」時、すべてと繋がります。すると、周りのあらゆる存在が反応し応援してくれます。

　　今を生きる＝今しかエネルギーは動かないから

　　本音である＝ピュアであることで周りすべてと繋がることができる

　　他人のために生きる＝エネルギーが拡大する

　　すべてを受け入れ認める＝新しい未来が開け、宇宙が進化・発展する

　元来、すべての物は無償の愛に溢れ今を自由に生きています。私たちも同じです。それに気づき、自分のすべてを認め許すことです。自然界にあなたが求めていた答えがあり、光はあなたの中にあります。それは、この世界を創ったのが、あなただからです。見慣れた景色を見ても、聞き慣れた言葉を聞いても、その時々のあなたの置かれた状況で全く異なったものに感じられるのはそのためです。

　★闇は気づかせるための究極の無償の愛だった。なぜなら人は追い込まれないと真剣に考えないからです。

　太古、この天の川銀河で「オリオン大戦」と呼ばれた宇宙戦争がありました。今、真実が表に出始め、その当時と同じ状況を迎えています。一緒に行動していた人が敵に寝返ったり、敵対関係だった相手が突然味方についたりと入り乱れ、まさにカオス状態です。

　この状況を変えるには、自分を見つめ本心と向き合わなければなりません。これが「認める」の第一歩です。本当に怖い闇は外にあるのではなく、私たちの心の中、奥底にじっと隠れていたのです。

　相手に対して怒ったり、批判したり、罵倒したりする言葉は、ほとんど自分の中の闇に向けられているのです。自分で自分を攻撃しているのです。それがどんどん大きくなり、最後は精神的にも肉体的にも参ってしまうのです。

身体はメッセージを送ります。「なにか違うよ」と。自分自身の内面を見つめ直してください。原因は私たちの心の中にあるのです。<u>自分自身を、そして意識し得る世界をも変えるためには、どうしても「認める」しかないのです。</u>これらはすべて私たちの思い・感情だからです。見える世界はあなたの鏡であり、あなたの心の写し絵なのです。闇も光も私たちが創っていたのです。私たちは、自分自身と闘っていたのです。だからこそ、自分が変われば周りも変わるのです。

　あるがままの自分を認め周りすべてを認め許すと、すべては1つ、ワンネスとなります。

　私たちの人生は、自分でドラマを作り主役を演じていたのです。つまり監督兼主役で作った映画のように、すべてはあなたが思い描いた世界、自作自演なのです。

　しかし不思議なことに、私たちは現実の小さな問題で四苦八苦しているのにもかかわらず、映画やドラマで「沢山の試練を抱えた主人公がハッピーエンドになる物語」に深く感動します。戦争とか殺人事件をとっても嫌がるのに、なぜか激しいバイオレンスを好んで見ます。それも苦難の末、最終的に勝利するものが大好きです。

　★そうです。どちらも自分なのです。自分の中の闇も光なのです。

14. すべて

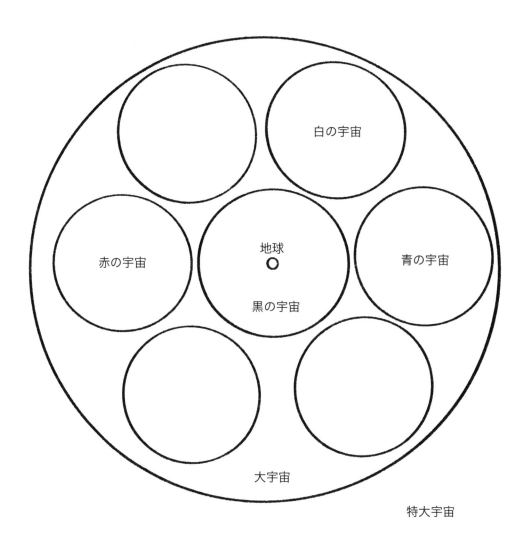

すべてとは？

これはどういうことなのか？

特大宇宙＝無限大∞＝創造したのは＝私

★★★すべては私だった

■すべてっていったい何でしょう?

　この言葉を理解するのに私は9年もの期間を必要としました。すべてという概念の中には戦争、テロ、原発、殺人、災害、過去、未来、異次元、惑星、宇宙等、存在するあらゆる物（森羅万象）を含んでいます。それも無限です。

　たとえ家族を惨殺した殺人犯でさえもすべての1つです。それを認め許すことができるのか?　と私は悩み続けました。しかし、このすべてを追求し続けた結果、私なりに納得できるようになったのです。

■同じように問題を設定し、自分の内面と向き合ってきました。

　なぜ憎むのか?　それはどういうことなのか?　憎しみの奥には何があるのか?　憎むと苦しいのはなぜなのか?　これほどの憎しみを私はいったいどこで知ったのか?　今世では、これほどの経験をしたことがない、前世なのか?

　なぜ死が怖いのか?　どうして1度も死んだことがないのに、怖いと思うのか不思議?　死んだらいけないと誰が決めたの?　ペットの犬や猫が死ぬとなぜ悲しいのか?　肉や魚が怖いのは?　ゴキブリさんを殺すとなぜ胸が痛むのか?　木々や花や星や月に見られているように感じるのは?　次から次へと脳裏に浮かび、どうしていいかわからない。

　さらに苦しみとは?　悲しみは?　怒りとは?　妬み・嫉妬とは?　プライドとは?　幸せとは?　不幸とは?　生きるとは?　感謝とは?　ワンネスとは?

■言葉の奥にある感情に気づいた私は、追求を続けました。

　そして、追求の果てにその感情の奥にある愛に気づきました。それを知った時、私は仏壇の前で泣き崩れました。「ごめんなさい、すべて私だったのです、許してください」と。

　それから、私は自分見つめを繰り返し、ネガティブを解消していきました。「認めなくては、許さなくては」と、もがき苦しむ中、何度も猫に助けられながら、泣きながら毎日認め腑に落としてきました。

15. 親子関係

　心に傷を負うことをトラウマと言います。

　年齢が小さければ小さいほどトラウマは深いのです。なぜなら、子どもは親からの影響を100%近く受けてしまうからです。「子は親を映す鏡」「親の背を見て育つ」と言われています。子どもは親の気持ちを読み、親の言葉をそのまま鵜呑みにしてしまうからです。

　3歳ぐらいまでの子どもたちは、ピュアでどんな物ともすぐに仲良くなります。椅子さん、コップさん、はたまたウンチさんまでも違和感なく受け入れます。天使や妖精とも話したりします。すべてがお友だちなのです。ところが、3歳を過ぎた頃から、親や周りの人たちに、あれはダメ、危ない、汚い等のネガティブを押しつけられます。

■私が保育士として2歳児クラス10名を持った時のことです。

　3時のおやつにバナナが出ました。私が、
「これおいしいリンゴだね」と言いました。
　すると、2〜3人の子どもたちが、
「先生、違うよ、バナナだよ」と言いました。私は、
「えっ、バナナじゃあないよ、リンゴだよ」と言うと、
「そうだよ、リンゴだよ」と10人全員がリンゴになりました。
　なんて素直な子どもたちでしょうか。
　そこで私が、
「本当はバナナだよ。ごめんなさい、先生はうそを言いました」と言うと、子どもたちは、
「やっぱりバナナだったんだ、おかしいなと思った」と皆ホッとしていました。

親を始め周りが、その子どもをダメな子、成績の悪い子、意地悪な子などと決めてしまうと、子どもたちは一度貼られたレッテルから逃れられないのです。それほど子どもたちはピュアで暗示にかかりやすいのです。

　★決めつけないでください。子どもに期待しないでください。自分の人生は自分で決めているのです。だからどんな状況であっても幸せなのです。その子のすべてを認めてあげてください。

　だからといって、ネガティブがすべて悪いわけではありません。今の社会ではピュアな子どもは生きていけません。学校でいじめにあい、家に帰ってきて自殺してしまうようではダメなのです。「なんだよー」と反発できるくらいのネガティブも必要です。自分の命を守らなければならないからです。

　ネガティブはこの子どもの命を守ってくれているのです。認めてあげてください。自分も相手も認めてください。そうすれば、すべての問題は消えるのです。

16. プライド

　プライドとは、自分の才能や個性、または業績に自信を持ち、他の人によって自分の優越性・能力が正当に評価されることを求める気持ち、またはそのために品位ある態度を崩すまいとすることと言われています。そうです。一番になりたいという動物的本能があったからこそ、今の私たちがあるのです。

■嫌いな相手や憎い相手をなぜ認められないのか？　なぜ許せないのか？
　自分の内面に同じものを見てしまう、それでも自分だけは守ろうとするからです

　プライドに繋がる（この場合は相手に対する優越感や支配欲を伴ったものです）
　妬み・嫉妬・上下関係・偉くなりたい・怒り・非難・批判・区別・差別・比較・嫌い・憎しみ・人をコントロールする・威張る・優越感・命令する・目立ちたい・悔しい・特別・自分より偉い人がいる・いじめ・嘘をつく等

　そのプライドに隠れている感情は、**自分の存在を認めてほしいという強い承認欲求**です
　さらに追求すると、孤独・寂しさ・悲しみ・愛してほしいなどが見えてきます

　よくプライドを持てと耳にしますが、「11. 陰陽」でも触れた通り、プライドには必要なものと不必要なものがあります。プライドとは、元来あくまで内面的に自分を支える自己完結型のものですが、時として己の立場や能力を誇示し、自分と相手を区別し優越感にひたる場合があります。それがどんな副作用を生み出してきたか考えてください。
　競争・比較を基本原理とする社会では「勝ち・負け」を始め、あらゆることが上下関係の対象となり、自分より優れた者には妬み・嫉妬し、劣った者には、上から目線で軽蔑する素地となります。
　この関係はライバル関係においては顕著に現れがちです。

自己嫌悪を避け自分自身を正当化することに固執したことが、アトランティスの悲劇を招きました。高い意識も持っていながら世界を荒廃させた原因こそがこの種のプライドだったのです。

■どうすればこの悲劇を繰り返さないことができるのか？

誰より自分を一番下に落とし、周りすべてを尊敬し、感謝することです。

　相手より自分を落とすことができなかったら、認めることができなかったら、許すことができなかったら、「できない、無理無理無理、嫌だー、嫌だー」と怒りながら泣きながら1人の時に叫び続けてください。心の中にたまっている思い・感情をすべて吐き出してください。するとスッキリして、もうどうでも良くなります。

　ここで大切なことは、中途半端だと、自分にも相手にもネガティブが残ってしまいます。軽いことならば良いのですが、重い内容の場合は罪悪感となります。悪いことなのに、ちゃんと責任を取らずに済ませてしまうと苦しみ続けることになります。自分を許せなくなるからです。

例：殺人犯の場合

完全犯罪で刑事罰を受けなかったとしても、その殺人犯は罪の意識から一生苦しみ続け、次に生まれ変わっても苦しみ続けることになります。これがカルマです。

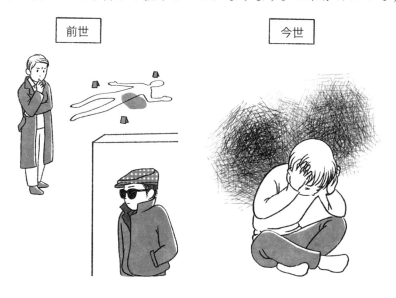

17. 循環

気づきとは、それまで見落としていたことや問題点を意識し、向き合うことです。

　私の言葉を信頼できる方ほど早く気づけます。なぜなら私は、私の真実（本音）しか述べていないからです。皆さんだけに述べているのではありません。皆さんの周りすべてに話しかけています。

　<u>自分の感情を素直に認めると、体内に滞っていたネガティブだったエネルギーが変化し、意識レベルが上がります。細分化されポジティブエネルギーとなり凄い勢いで動き始め、外へ外へと大きく広がっていき、あなたが経験したことのないような大きな大きな世界ができます。つまりキャパが広がるのです。</u>

■とても嬉しいことがあった時、その喜びをどう伝えるか？

　　　喜びをもたらした人、物、時に感謝します

　　　それだけに留（とど）まらず、それに関連する人、物、時に感謝します

　　　これが俗に言う、人生バラ色です

　　　すべてに感謝します

　　　今に持ってきて感謝する

　　　その積み重ねが未来を作ります

　　　それが、ワクワクドキドキ感です

　　　毎日が喜びの連続となり、素晴らしい循環が起きる

■苦しみ、悲しみ、寂しさなどネガティブの場合には？

　　　これも同じです

　　　まず、正面から向き合い、その原因を探り認める

　　　光を見つける

　　　喜びに変わります

■エネルギーを循環させるには？

私は感謝・Aさんはお願い

私　　　　Aさん

不足

　　　大きな木の下で私がＡさんに気功していた時のことです。

　　　近くの木のエネルギーを感じた私は、Ａさんに「この木さんが私たちにエネルギーをくださいました。さわってみてください。エネルギーが流れているのがわかります」と言い、木に寄り添いました。

　「それでは、私も木のエネルギーをいただきます」とＡさんも木に寄り添いました。

　　　ところが

　「えー、私は何も感じません」とＡさん。

　「そんなことはないですよ。だってほら、凄い勢いで動いています・・・あー、Ａさん、あなたは逆をやりましたね」と言うと、

　「えっ、逆？」とＡさん。

　「はい、あなたは木からエネルギーをいただこうとしましたね」

　「いただいたらいけないのですか？」とＡさん。

　「もちろんです。私は、いつもエネルギーを差し上げています。木さんたちは大喜びです。感謝の気持ちを持って木に触れてください」と言うと、

　「わかりました」とＡさんは感謝の気持ちで木に寄り添いました。すると、

　「わー、動いています。動いています。凄ーい、初めて感じました」

　　　最初、Ａさんは木との意思疎通をしないで一方的にエネルギーをいただこうとしました。そこで木はＡさんのエネルギー不足を感じ、エネルギーはいらないと判断したのです。つまり類は友を呼ぶになり、不足が溜まり続けます。私からは、エネルギーをもらったのでそのお返しをしたのです。こうしてエネルギーの循環が起こるのです。

　★木も私たちと同じです。初めて会った方に突然「あなたのものをください」と言われたらどう思いますか？　逆に「あなたに会えて感謝します」と言われたらどんな気持ちになりますか？

67

18. 生きる喜び

　喜びのエネルギーを拡大することで、エネルギーは細分化され、軽く、速くなります。気をつけたいことは、その喜びに勝者のおごりや周囲に対する優越感があると、嫉みや嫉妬を買い一緒に喜んでもらえません。

　誰もが2極（光と闇、善と悪、上と下、幸せと不幸せ、生と死とか）を持っています。人は鬼にもなれば、仏にもなるとはこのことです。この両極を認めれば、すべてを認めることができます。それがゼロポイント（無でありながら、すべてがある）です。自分の人生を選択できるポイントです。対人関係も含めあなたが意識するすべての現象（事象）はあなたの心の鏡であり、あなたが思い描いてきた世界そのものです。それに気づかず長い間、他のせいにして生きてきました。生きるとは、自分との闘いだったのです。それが今、解決します。すべての現象は1つ、ワンネスです。だから、周りすべてに感謝することになります。

　すべてに感謝するとどうなるのか？

　★ボランティアや寄付などを「してあげる」という上から目線から「させていただく」になります。すなわち謙譲の美徳が実現でき、その延長線上で、あなたのあらゆる行動が「させていただく」に変わります。

　宗教的ではなくて、外に神がいるのでもなく、神はあなたの内にいます。神はあなた自身です。主役はあなたです。あなたが中心です。もし、外部の力に振り回されていたとしても、それもOKです。そのことに気づいたら、それが学びであり、そのまま認めるだけです。

　もうあなたは気づきましたね。大きな大きな目的、目標を持ってください。必ず叶います。だって、それが生きる喜びとなるからです。この世界は皆支え合っていたのです。だから、人のために生きる時、最大の力を発揮できるのです。

19. 奇跡

　どんなに最低最悪な感情が自分自身に潜んでいても、そのままを知り認め、その上で許します。本当の自分の心と向き合ってください。それでOKです。だって、すべての感情は認められると嬉しいからです。

怒り・妬み・嫉妬・憎しみ・プライド等は

相手に対するコンプレックスの裏返しであり、相手を認めているという証拠です
自分はダメだ、その人より才能がない、劣っていると認めているのです

なんて素晴らしい感情でしょう
相手を賞賛しているのです
その感情がネガティブであればあるほど、これこそが自分を守ろうとする超上目線
であり、究極の無償の愛なのです

★★★すべての感情の底には無償の愛が流れていたのです

その感情に捧げる言葉は、「認める」「ありがとう」です
だって、それは、すべてあなたの感情だからです
それをあなたが素直に認めることが必要です
ヤッター！
さあ、もう怖れず本音（本当の自分）を見つけてください
自分にどんな感情があるのかを知らなければならないのです
吐き出しを始めてください
すべてあなたの見える世界です
本当の無償の愛が成立した時、周り中からの応援があります
それが奇跡です

20. 神木

　我が家には樹齢100年を超える大木が３本ありました。父が生まれた時からあった
その木々は父と共に時を過ごし、この家を守ってきました。しかし父が歳（95歳）を
取るに従い、手入れや落ち葉清掃に手が回らなくなり、長男夫婦の決断により切り倒
されました。

　私は残った切り株に手を寄せて、
「ごめんなさい、許してください、ずっと私たちを支え見守ってくれていたのに、私
はあなたを助けることができませんでした。あなたの思いを周りに伝えることが私に
できる唯一の恩返しです」と思い、この「神木」が生まれました。

ヒョロヒョロと細かった若木が、大地の恵みを受け、数百年という時を経て巨木へと姿を変えていく。周囲の木々に光を遮られ、風雪や山火事、洪水などに耐え、人災からも免れ、大地にしっかりと根をおろし、幹は太く高く、枝は弧を描いたように空いっぱいに伸び、青々とした葉を繁らせている。

　生命力に溢れ堂々とした巨木を目の前にし、微動だにしない姿と美しさに私は感動し、全身が震え大きく手を広げそっと寄り添い語りかけます。
「あなたは、どうやってこれまでになれたのですか？」かざした手のひらや、さらに身体中に生命の息吹を感じた瞬間、私は自分の人生を振り返り、殺したいほど憎悪していた人も、封印していた過去も現在のネガティブな自分さえもすべて許し、こう声をかけます。
「ありがとう」

　あなたも同じ体験をしてください。そうすれば、目の前にある巨木はあなた自身であることに気づくはずです。あらゆる困難を乗り越え克服してきたからこそ、今まで生きてこられたのです。自分自身の存在意義に気づき、大きな夢（目標）を持ち、殻を打ち破り外界へ飛び立つ、その時あなたは、
「私がここまでこられたのは自分の力だけではない、私ひとりでは何もできなかった。周りの支えがあったから困難に立ち向かい乗り切ってこられたのだ。今度は私があなたを、そして皆を支えていかなければ！」と思うはずです。

　この思いが新たな時代を切り開く原点となるのです。そこではエネルギーの流れに添った考え方が不可欠です。周囲を犠牲にして自分１人が幸せになることなどできません。すべての行動はブーメラン現象で２倍にも３倍にもなって自分に帰ってきます。共存共栄とは、まず「心」の問題です。

　ちなみに芥川龍之介の『蜘蛛の糸』を一読することをお勧めします。この作品から、あなたは何を感じ取りますか。作者芥川はあなたの心のひだに何を訴えようとしたのか。受け止め方は千差万別ですが、是非作品に触れてください。

Step2　信頼と概念はずし

あなたは周りの人から同情されたいですか？

可哀想とか気の毒とか思われたいですか？

それとも、苦しんでいる人を助けたいと思いますか？

相手の立場になってみると、すべてがわかります。自分も含めすべての存在は同情されたくないのです。認めてほし
いと思っているだけなのです。

ある神社に行った時のことです。

神社の道沿いにあった大木がとても憐れに見え、私はその木さんに声をかけました。

「大変ですね、大丈夫ですか、申し訳ありません」と謝ると、その木さんからの声が聞こえました。

「それはあなたの思いでしょ、私は幸せです」と。

「えっ」

その言葉に驚き、木さんの気持ちを初めて理解できた私は深く反省しました。そして、教えてくれたその木さんにと
ても感謝しました。

「木さん、ありがとうございます」

浄化・浄霊に必要なことは、能力ではなく赤ちゃんのようにピュアであることです。

何も恐れずにすべての存在とコミュニケーションが取れるかだけです。

気功・浄化・浄霊する時、私が相手の方を気の毒とか可哀想とか思うと、心配エネルギーが行ってしまいます。それ
では、その方の気分とか病気などをさらに悪化させてしまいます。ですから、どんな状況であっても幸せであると思う
とポジティブエネルギーを送ることができ、すべてが好転していきます。心配したり、不安になったりすると相手のネ
ガティブエネルギーを増幅させてしまうのです。どんな状況であっても相手のすべてを受け入れ認めてください。

実践例

生後5ヶ月の飼い猫の食欲がなくなり3日ほど吐いていました。動物病院では胃腸が弱っていると言われました。
診察が終わり家に戻り子猫の様子をみていたのですが、少し食べては吐くのを繰り返していました。

2日後、子猫を家に残し、外出している時、私は自分自身と向き合いました。

「子猫が元気にならない。死んでしまったらどうしよう」と心配ばかりしている自分に気づき、

「私だ、私の子猫への思いだ、元気になってほしいという思いの裏側（本音）はダメだからだ。さらに、子猫を失うこ
とへの怖れが子猫を苦しめている」とわかり、子猫から自立しようと覚悟を決め、

「子猫が死んでもいい。死んだら嫌だ、でもどうなってもいい、いや絶対大丈夫」と子猫への心配・不安を吐き出し、
気持ちを切り替えました。

その晩、家に戻るとキャットフードの皿は空になっていて、子猫は元気に動き回っていました。

21. 孤独

■嫌いだけど離れられない。相手を批判非難しケンカをするけれど離れられない。相手を妬み・嫉妬するけれど離れられない。

　良い感情も悪い感情もどちらも相手に対して関心がある、すなわち気があるということです。承認欲求の現れです。その裏側にある感情とは？

　孤独が嫌なのです。相手がいるから感情があるのです。相手がいなければ自分の感情をぶつけることができません。どんな感情も相手がいるから生まれるのです。人は支え合って生きているから当然です。
　★★承認欲求と孤独とは表裏一体なのです。

■自分の感情と正面から向き合おうとしない人は、本当の自分を知ることから逃げているのです。
　辛すぎるからです。自分が恐ろしい感情を持っていることを知るのが恐いのです。
　その感情を認めたくないのです。

　つまり、自分が嫌いなのです。

　★あなたの周りに強いエネルギーの影響で突然人が変わったようになる人はいませんか？　それが豹変です。多くの人は素直にネガティブを認めますが、時にはネガティブを認められず逆恨みをしたり、自分を正当化するため攻撃的になる場合があります。それはあなたに対する本音であり、その人の本性なのです。
　その人から怒られたり怒鳴られたりした場合、あなたの中にも同じネガティブがあります。豹変している人には向き合わないでください。一言でも返すと反発してきます。その人から遠ざかっても、その人に対するネガティブが残っていると、同様のことが繰り返されます。

あなたがその人に対するネガティブを解消できれば、その人は近づけなくなります。それが無理だったら、十分な距離を取りそっとしておいてください。

　その人は、まだ自分の恐れている感情を知るタイミングではなく、気づいてはならないからです。外に攻撃目標を創ることで、自分を正当化しようとし、心のバランスを取ろうとしているのです。その人がネガティブに気づき認めるとまた近づいてきますが、今度は豹変せずに仲良くなれます。

■なぜ人は裏切るのか？

　私たちはAかBかの二者択一を余儀なくされた場合、自分の守るべき優先順位に従い平気で人を裏切り、時には仲間さえも悪者にしたて責任転嫁し自分を正当化しようとします。一般的には自分や家族を守るために友人すらも裏切りますが、優先順位はそれぞれの人が創り出した世界によって違います（裏切りの代償として金銭や地位の提示がある場合にも裏切りますが、ここで論ずる問題ではありません）。

　自分軸が確立していない
　相手を完全に信頼しないだけでなく、自分自身も信頼しきっていない

　疑心暗鬼に陥る。自分の闇と同様の闇を相手が持っていると思い込む
　人間関係が崩れる

　孤独・寂しい・認めてほしい・愛してほしい

　裏切り。これだけひどいことをすれば気にしてもらえる。注目してもらえる

　承認欲求については、周りから疎外された人が自分の存在感を示すため意味もなく騒ぎ、周囲に迷惑をかければどんな形であれ親や社会から注目を浴び、気にしてもらえる。中でも自分軸が弱い人や人を信じることができない人は、逮捕・拘留されると仲間を守ろうとせず裏切ったりします。

■<u>極限状態で信じた人に裏切られた。なぜ？</u>

原因は相手を信頼しきれていない、自分自身にも信頼しきれない部分があった

ショックで人間不信に陥る

それでも私は、どんなに裏切られても相手を信じていたい

自分を強く信頼すれば、相手を信頼することができる

その気持ちの裏側は、相手を失いたくない、孤独になりたくない、孤独から自分を守ろうとする、えっ、この欲求はエゴ？

既に自分を信頼し、相手を信頼していたことに気づく

信頼があるから、この世界に存在できると知る

★★★周りに誰もいない孤独に気づくと、人は依存をやめ、自分で考えようとします。自分で生きようとします。本当の自立になります。

<u>人は初めから孤独であり、幻想の人間関係や協同体に振り回されていたことに気づく。孤独なので、相手を求め、愛を求め、あらゆる感情を学び、今の自分がある。</u>

★★孤独に始まり孤独に終わる。ただ存在している。在るとわかる。

■**人に限らずすべての存在は、無視されることを一番怖れているのです。**

私たちが何よりも怖れたのは

１人になること、すなわち死よりも恐ろしい孤独だった

相手がいて支えてくれたからこそ、私たちは生きることができた

闇も光も支え合っていた

私たちは、何故生まれてきたのかをとてつもなく長い間忘れて生きてきました。

22. 光の誕生

「光の扉」と言うものがあります。

　その扉は長い間、開けられることなく久遠の時が流れました。私は、その扉を開けるために何度も何度も生まれ変わり、その鍵を探し続けてきました。

　その扉を開ける日が訪れるとは夢にも思いませんでしたが、私はとうとうその鍵を見つけることができたのです。

　★その光の扉を開ける鍵、キーワードこそが「孤独」だったのです。

孤独こそが光だったのです。孤独になることが必要だったのです。
誰にも依存しないで自分の力だけで生きようとしなければなりません。

扉が開くと、そこは別世界です

だって周りすべてが無償の愛に溢れているからです

そのゼロポイントである世界に、私たちはたどり着けずにいたのです

それに気づくまでどれだけの長い時を私たちは生きてきたのでしょうか

想像を絶する長い時を

重要なことは、あなたが孤独とどう向き合ってきたかということです。私たちは孤独の真の意味を知るために、光と闇の闘いを繰り返してきました。殺したり、殺されたり、どんどん自分を孤独に追い込んでいきました。あまりの孤独に耐えきれず自分さえも殺してきました。孤独という苦痛から逃れるために。愛する者を失うという悲しみ、愛する者を殺さなければならないという過酷な運命、その苦痛がすべて自分に戻ってくるとは知らないままに・・・。

　突然変異で心に傷を負ったエネルギーの赤ちゃんが孤独を感じたことから、この地球・宇宙が始まりました。孤独を認めると、そこがゼロポイントです。そのことで今までの呪縛から解放され、孤独であることがこんなにも嬉しい、ワクワクドキドキの気持ちになれます。**孤独こそがこの世界を創ったのです。**

　<u>孤独は最高です。認めると孤独が消え、すべてと繋がります。ワンネスです。</u>

　<u>自分のすべてを認め、許した瞬間、急展開が起きます。</u>

「あー、私の人生、これで良かった」

「生まれてきて良かった」

　孤独ゆえに人を求め

　孤独ゆえに幸せを求め

　孤独ゆえに愛を求め続けたあなたの生き方が一変し、今度は与える側になります

　すべてあなたの人生です

　あなたがヒーロー、ヒロインになります

　そこで、あなたは気づきます

　もう、既にその存在であるということに！

　これが「**在る**」ということです

23. 今を生きる

　あなたが認識しうる世界では、すべてがあなた中心であり、あなたは神であり、創造主です。さらに重要なことは、あらゆる存在は平等であり、あなたより上もいなければ下もない、すべて同じだということです。

　もし師匠のように尊敬している素晴らしい人がいたら、その人のすべてを認め、その人の教えを腑に落とし、その人を乗り越えてください。それが師匠の喜びになるのです。その師匠から得たもの、腑に落としたものは、あなたのものです、あなただけのものです。そして、今まで自分を支えてきた価値観をしのぐ新たなものを創り上げてください。あなた自身が創り出したものこそが、あなたにとって世界で唯一の素晴らしいものとなります。

　宇宙は常に進化・発展していかなければならないのです。

　学び続けることこそが永遠に生きることだったのです。

　今まで決してたどり着くことができなかった光の扉が開き、多くの人たちが長い時をかけ目指し、あこがれ続けた光に到達したのです。光の誕生です。

　ここまで腑に落とせたら、あなたは不動の自分軸を手に入れ、もはやあなたの光を遮るものはありません。あなたはすべてと繋がり、すべてを光に変えます。あなたの発するエネルギーが心地良い空間を生み出し、周囲に影響をもたらします。

　★★★光とは本当の自分に気づき、自分で考えて生きることだったのです。

　人類至上、宇宙初の光の戦士たちの誕生です

　さあ、その光を輝かせてください

　それが、光の戦士としてのあなた方の使命です

24. パンドラの箱

　マトリックスは、3次元の仮想現実世界のことです。では次元上昇のために私たちはどうすれば良いのでしょう。

　パンドラの箱に封じ込め潜在意識からも消し去った過去の忌むべき感情や行動こそが、今までのあなたを命がけで守ってきた最大の闇であり、最高の無償の愛なのです。自分軸を確立し、本当の自分と向き合う覚悟ができた時、あなたは勇気と自信を持ってパンドラの箱を開けることができます。

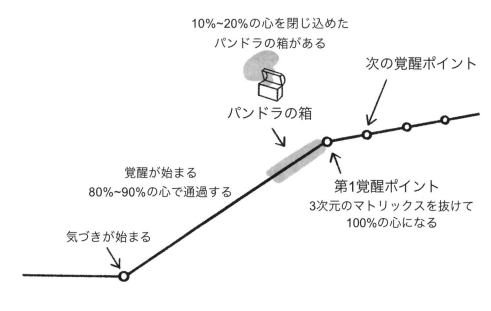

【覚醒ポイントの図】

　★★自分でしか解決できない問題に直面すると、人は自分を孤独に追い込みます。
　例えば、受験に失敗・失恋・借金地獄・パワハラ・大切な人の死などがあります。その時、家族や社会に依存できず、何とか自力で切り抜けようと自分を見つめ始めます。自分で考え行動することで、自分軸ができます。家族や社会から精神的に自立すると、無償の愛が成立しポジティブエネルギーが行くようになり、対人関係に変化が起こります。

★★大量のネガティブを吐き出すと、パンドラの箱が開き、死よりも恐ろしい孤独に気づきます。

　ここでは、覚醒をさせようとする光と覚醒を拒む闇との闘いがありました。

　光側が「覚醒ポイントの直前でパンドラの箱を開ければ、誰一人死ぬことなく次元上昇は可能だ」と闇側を説得しました。死んでから次元上昇させようとしていた闇側が光側と手を結び、覚醒に協力したのです。闇も光も私たちの命を守ろうとしていました。ネガティブもポジティブエネルギーも無償の愛だったのです。

　★★したがって、第1ポイントの覚醒の直前で、パンドラの箱を開ける必要があります。

　それ以前の段階でパンドラの箱を開けると誰もが死にたいと思います。なぜなら、とても醜い自分に気づき自己嫌悪に陥るからです。3次元の概念に縛られている限りパンドラの箱を開けないでください。**特に、プライドが高い人ほど注意が必要です。**そのプライドを手放すことができなければ、パンドラの箱を開けるのはあきらめてください。もし開けられたとしても自分の愚かさに気づき、精神的ダメージにより次の覚醒ポイントに進むのは厳しくなります。

　★★次の覚醒ポイントでは、多くのアニメや映画の「戦闘シーン」を想像し、対立の構図を把握してください。昔話の「桃太郎」では、鬼側と鬼退治側に分かれます。

鬼側のように自分のために闘いますか？

それとも鬼退治側のように人のため闘いますか？

極限状態の中、孤独から脱出する時、あなたはどちらを選びますか？

どちらもOKです。選ぶのはあなたです。

つまり、自分を中心に家族や友人・知人など親しい人のためだけに生きるのか、あるいは他人のために生きるのかです。

「他人のために生きる」を選択した人だけが、このポイントを乗り越え、前に進むことができます。

★★次の覚醒ポイントは、大切なものを手放すことです。そうすることで、あなたはすべてを手に入れます。そのためには家族や友人、そして自分からの精神的な自立が必要です。少しでも心配すると完全な自立にはなりません。100％に近づくと幼少期の親子のような固い絆で結ばれ、本物の無償の愛が成立し、相手に対して正面から向き合うことができます。

★★最後の覚醒ポイントになります。

これは極限状態の中で乗り越えなければなりません。

ここまで到達する人は、とても大きな無償の愛と広いキャパを身につけます。困難を極めるでしょうが、是非挑戦してみてください。キーポイントは孤独と無償の愛です。すべての感情を乗り越えられるかです。

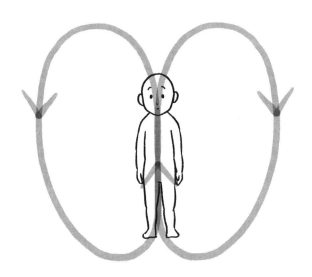

【リンゴの図】

図のようにエネルギーはまるでリンゴのように動いています。これが正常な流れです。しかし、速度の遅いネガティブエネルギーが入ってくると、軽いものは、ゆっくりと身体の外に出ていきますが、重いものは、淀みヘドロのように身体の中に溜まっていきます。

あなたも経験があると思いますが、強いネガティブな感情を発散している人と食事をすると、空中に放出されたネガティブエネルギーを食べ物と一緒にパクリと飲み込んでしまい、あまり食べてもいないのに箸が進まなくなります。

■**私たちは体内に侵入してきたネガティブエネルギーを様々な方法で吐き出そうとします。**

軽いネガティブは、ゲップ・あくび・おならのなどで吐き出します。

悩み、不安、心配などは、友だちと話すことで解消します。

怒り、妬み、嫉妬、批判非難、いじめなどは攻撃的な言葉や暴力で吐き出します。

■**それでも吐き出せない場合は、**整体などの癒し、運動、森林浴、映画、飲酒、喫煙、パチンコなどのギャンブル、旅行、グルメ、買い物などの日常的行動をしたり、宝石やパワーストーンなどを集めたりしてストレスを解消し吐き出そうとします。

■**しかし、もっと良い吐き出し方があります。**

他人と比較し自分にないものを持っている人に対し、妬み・嫉妬などネガティブな感情に陥るのではなく、人を褒める、人の幸せを自分のことのように喜ぶ、神社仏閣のお参りをする（自分のことを願うのではなく他人の幸せを願う、今までのご加護に感謝する）、寄付やボランティアなど他人のために生きることで、ポジティブエネルギーがネガティブを動かします。

■**ストレス解消ができないと、何が起こるのでしょうか？**

これが何よりも辛いことかもしれません。

まず木々草花などの観葉植物が枯れ、次はペットなどが病気になります。そして一番守りたいと思っている家族に影響を与えてしまいます。それも弱い子どもや高齢者の具合が悪くなります。肉体が健康な人は精神を病みます。でも、それはあなたのネガティブエネルギーを解消しようとする家族の無償の愛です。

しかし原因が自分にあると気づかず、あなたは身代わりになっている家族を心配します。心配することは良いことのように思えますが、愛情が深ければ深いほど、死んでほしくないという思いの奥に潜む「**死んでしまうかもしれない**」という超ネガティブを相手に送ってしまい、症状をさらに悪化させるのです。家族は強い絆で繋がり、お互いに支え合っているからなおさらです。

■**それでも解消できないと、あなたの体内はネガティブで溢れ、エネルギーはさらに遅くなり、ついに動かなくなります。**

　それが病気となってあなたに訴えます。「苦しい、痛い、辛い、死んでしまいそう、何とかしてください、助けてください」とメッセージを送ってきます。身体はあなたの味方であり、何とかあなたを助けようとします。

　すなわち、身体はあなたの思いに素直に反応していただけです。どんなにネガティブな状態で、うつ病とか統合失調症のような精神的なものであっても、余命3ヶ月の肉体的な病だとしても、それはあなた自身であり、あなたの思いなのです。あなたは自分自身を嫌がり拒否していただけです。ネガティブもポジティブも創り出しているのはあなたなのですから。受け入れ認め好きになってください。両極は支え合ってこそバランスが取れるのです。嫌わないでください。あなたの身体の一部だからです。そして、気づいてください。すべてあなたの思いが創造していたことに。だからすべての病気は治るのです。治らない病気はこの世界にはありません。

■**木々草花、動物、昆虫、山川など自然界は、すべてピュアであり無償の愛に溢れています。**

　だからこそ、私たちは何の罪悪感もなく肉や魚や野菜を食べ、動植物を原材料とした洋服やバッグ、靴を身につけ、木を切り倒して家を建てることができるのです。武器を作ることができたから、より簡単に人を殺し、戦争により大量殺人さえ起こすのです。その結果、どれだけ自然界を、この地球を私たちは蝕み破壊してきたのでしょうか?

84

どれだけ悩み、苦しみ、病み、死を間近に感じる極限状態まで追い込まれなければ、あなたは気づけないのですか？

　こうして、すべてが自分に戻ってきます。あなたが思い描いた世界だからです。すべての人が自分の人生を計画してこの地球に生まれたのです。

■そこまで経験しなくても気づくことができます。
　親子関係にこそ、その原因の大半があります。
　スプーン曲げのできるような子どもほど親の影響が大きいのです。スプーンが曲げられるのは先入観にとらわれず曲がると信じるからです。
　ピュアな子どもは、お父さんお母さんの言うことを何一つ疑わず鵜呑みしてしまうのです。ところが成長するにつれて、親子の距離が変化し、親に叱られたりすると、「うるせー、くそばばー、くそじじー」と反発できるようになります。でも自我に目覚めた頃の子どもにはそれができません。心ない言葉や暴力に怯え傷つき、その思いをパンドラの箱の中に封じ込め忘れようとします。これがトラウマです。

■結婚したけれど、家庭を持ったけれど、夫婦関係や親子関係が良くない、どうしたら良いのかわからない、友だちがどんどん離れていくと感じたなら、**その原因を突き止め吐き出しをしてください。**

　思い出してください
　幼い頃に自分とご両親との間に何があったのか
　大人にどんな不条理な目に遭わされていたか
　その時の感情を吐き出し認めてください

　さあ、勇気を出してあなたがパンドラの箱に閉じ込めてしまった感情（10〜30％）を取り戻し、トラウマで傷ついたインナーチャイルドを癒やしてください。

■子どもたちのケンカは本音です。

「バカ」「お前なんか死んじゃえー」とか言います。大人になるとそう思っても言わなくなります。どれほど激高しようと相手に言う必要はありません。いいえ、相手を傷つけるような言葉は言わないでください。でも心の奥にとじ込めたネガティブは吐き出すことが必要です。

1人の時に吐き出してください。全部吐き出すと相手に対する思いに変化が起きます。どんなにネガティブな言葉でも自分を守ろうとする無償の愛から生まれたのです。認めるとスッキリします。だって自分の思いをあなたが嫌がっていただけだからです。

そこをクリアにすれば、あなたは感性豊かな本当の自分を取り戻し、現在直面している人間関係が改善し、相手を認め許すことができます。それができないと、相手を許せません。そして、いつの日か心の中に溜まったネガティブが大爆発を起こし、負の感情を現実化してしまうのです。それを避けるためには吐き出してください。

そして、ついにあなたは3次元のマトリックス（仮想現実の世界）を抜け出ることになります。

25. 信頼

　私たちが次元上昇するために、避けて通れないこととは何でしょうか？

　それは「あるがままの自分を認め、さらに周りすべてを認め許す」ことです。

「あるがままの自分を認める」とは？

　私たちは日常生活で我慢や妥協をしながら、自分の気持ちを偽って行動することがしばしばあります。人生のターニングポイントで、あの時こうしておけばと後悔したことを心の奥底にしまい込み、平穏さを装っていますが、心の中にはネガティブがたまり続けます。本当は仕事上や家庭内における不満がはけ口を求めています。

　パンドラの箱を開け自分の本心に気づき、ネガティブを外に吐き出しストレスの原因を知ることで、あるがままの自分が明らかになります。

「周りすべてを認め許す」とは？

　あなたが創造している世界全部があなたの味方とは限りません。ですが自分軸さえしっかり持っていれば、周囲のどんな評価も対応も気になりません。敵対関係にはならず、相手を受け止めることができます。そして、闘っている相手とは、自分の中にある闇（弱い自分）であることに気づくと、周りすべてを認め許すことができます。

　これができると周りのエネルギーすべてと繋がり、エネルギーが動き出します。「願えば叶う」という現象が起き、現実化が早まります。

■しかし、この課程を邪魔するものがあります。それは長年教え込まれ培われてきた考え方、すなわち「概念」です。多くの人がこの概念という凝り固まった枠に束縛されています。

　例えば、「○○に逆らうと地獄に落ちる」とか、「この薬を飲まないと助からない」など恐怖を与えるものや不安を煽るだけのものも多く見受けられます。自分軸のしっかりしていない人ほど、自分や家族などの命にかかわる場合には死とか地獄という言

葉を信じ、すぐに腑に落としてしまいます。そして、その概念に操られてしまうのです。そのようなものは一切無視してください。

　病気は身体が教えてくれます。病気を認めさえすれば病気さんは大喜びし、ネガティブからポジティブエネルギーに変化し消えていきます。病気が悪いわけではなかったのです。病気が嫌だというあなたの感情に問題があったのです。
　私は「病気の何がいけないのか？」と考え続けました。ただ教えてくれただけなので「身体さん、わかりました。病気を治します」と病気を知り、「嫌だ、死にたくない」と何時間でも泣きわめきながら吐き出してから認めます。

　★★★ここで最も重要なことは、死に対する概念を変えることです。すると、それに追随する病気の概念も変わります。死や病気という感情もすべての感情と同じで、等質なのです。死を恐れないでください。恐れれば恐れるほど、死はあなたに近づいてくるからです。つまり類は友を呼ぶのです。

　■この課題がクリアできたなら、次に取り組むことは「信頼」を自らのものにすることです。限りなく本音に近づいたなら、どれだけ自分を信じることができるか、それがエネルギーの強さとなります。

　例えば、「絶対病気にならない」「すべての病気はデトックスだ」「治らない病気はない」と信じ切ることです。

　★★★信頼こそがエネルギーのパワーを増幅させ、思いを現実化する時間を短縮させます。そして100％自分自身を信頼することで、周りのすべても信頼することができるのです。

私の浄霊は、見えない存在に対して、もちろんどんな相手にでも1対1で「あなたにどんな目に遭わされようと、たとえ殺されようとも私はあなたを守ります」と話しかけます。本音に対しては、すべての人、あらゆる存在が本音で応じます。

　もちろん自然界すべて、地球、宇宙までもが本音で応えます。だってあなたから見える世界のすべてはあなたの中にあるからです。だから、あなたの信頼があなたのすべてを動かします。

　私は、信頼度を100％に近づけようと、毎日自分に「何があっても、どんな人でも信じる、信じる、信じる、そして自分を信じきる」と言い続けています。

　さらに、その信頼に100％の集中力が加わると・・・。

★皆さんもやっています。

　好きなこと（信頼）をしている時は集中度が上がり、素晴らしい成果を出しています。

26. 未来に向けて

★★私たちが新たな世界観を身につける上で、「プライド」こそが最大の障壁です。

　人は他人との比較において、自分の立ち位置を判断しがちです。そのような人は、自分より才能に溢れたり成功した人を妬んだり嫉妬したりします。逆の場合には優越感に浸り、相手を見下します。すべてにおいて自分が優位に立つことは不可能ですから、この考え方では精神的充足感を完全に満たすことはできません。

　でも、あなたが自分を誰よりも、何よりも下に落とすことができれば、神の領域を出ることができます。そのためには、上下関係を取り外してください。自分にとって不都合な事実を封印したり歪曲したりすることで、**自らを正当化し守ろうとしたことから「プライド」が生まれました。**

　映画によくあるシーンですが、「おれの命はくれてやる。だが○○だけには手をだすな」。あなたなら○○にはどんな言葉が浮かびますか。家族ですか、パートナーですか、それとも親友ですか。その人があなたにとって最も大切な人です。

　　この身体があったから多くのエゴが生まれ
　　自分や大切な存在を守ろうと闘ってきたのです
　　でも、もう守らないでください
　　既にあなたは守られているのです
　　幸せなのです
　　あなたが大切だと思っている存在も守られているのです
　　だって、この世界は私たちそれぞれが創ってきたからです
　　私たちこそが創造主なのです
　　神を目指す必要はなかったのです
　　気づくだけです

あなた自身が神であることを
あなたが気づいた時が覚醒です

★宇宙にあるのは愛と自由です。
　言葉をはじめ多くの思いや感情は音で周囲に伝わります。愛は光のエネルギーですが、私たちはその愛を自分だけのものにするため門で囲って閉じ込めてしまいました。自由を失った愛が闇となったのです。光と闇、この２つの概念は対立しているように考えられますが、闇の実態は束縛された愛だったのです。
　事の善悪は倫理規範や法規範を基準として判断されていますが、その多くは支配者の都合の良いように創られています。しかし「あらゆる感情はすべて等質」なのです。それを良いとか悪いと思うのは私たちの問題です。その判断基準は自分自身が置かれた立場からの一方的な見方であり、普遍性はありません。概して直接自分に関係ないことであれば、自分自身を傷つけないことを優先させます。

　では、なにゆえ私たちは大切な存在を失うなどの極限状態で、苦しみ、悲しみ、傷つきながらもあらゆる感情を学ばなければならないのでしょう。

　２極の世界だから？
　無償の愛を知るために？
　光と闇のようにお互いを支え合うために？
　ゼロポイントに近づくために？
　気づき、悟り、覚醒するために？
　愛する者を失いたくないために？
　孤独になりたくないために？

　不慮の出来事で大切な人を失って、初めて気づく人もいます。あなたは、どれだけ愛する者を失えば気づくのですか？

　飼っていた愛猫が私に起きた交通事故の身代わりとなって亡くなりました。

しばらくして、愛猫からの声で気づきます。私はその言葉に２ヶ月もの間苦しみ続けました。その言葉こそが、

「あなたのためなら死ねる、それが私の喜びです」

　そして、その精神をすべての人・自然界すべて・宇宙すべてが持っているのだと気づいたのです。何と素晴らしい世界でしょうか。

　さらに苦しみ続けていると、また声が聞こえてきました。
「気づいてください、気づいてください、あなたが気づかないと私の死が無駄になります。そして私の子どもの桜までがあなたのために死ぬことになります」という言葉に私は容赦なく追い詰められました。

　地獄の苦しみの中でとうとう私は気づきました。なぜこんなにも苦しいのか？
　その苦しみの奥にあるものは何なのか？　見据えた先に微かな光が現れ、その光が徐々に大きくなったかと思うとパッと光輝きました。
「そうだったのか、そうだったのか、闇ではなかった、闇ではなかった、光だったのだ、光だったのだ」

　これほどの苦しみの反対側には大きな無償の愛があったのです。
　愛があったから苦しんだのです。
　知らない人だったら、知らない猫だったら、そこまで苦しまないからです。
　苦しんで良かった。
　苦しまなければ気づけなかった。

**　すべての感情の裏側に無償の愛があったのです。**
**　光も闇も無償の愛だったのです。**
　あなたはどれほど悩み、苦しみ、病み、死を間近に感じる極限状態まで追い込まれなければ気づけないのですか？

戦争・テロ・原発・災害・殺人・事故・病気などにより、どれだけ大切なものを失えばあなたは気づくのですか？

　戦争で苦しみを背負った人は、戦争のない国を造ろうとします。子どもたちのために、孫たちのために、自分のために。

　この国の
　この惑星の
　この宇宙のために
　私たちはより良い世界を築くために
　光と闇の感情を学ぶ必要があったのです
　私たちは、生きていくのです
　永遠に未来に向かって

Step3　依存から自立へ

　私たちはその時々の思いの中に存在し、その重なりが未来を創っているのです。つまり、過去も未来も、そしてこの瞬間さえも私たちの思いの中だとしたら、どうして現実化が起きるのでしょう?

　3次元の概念では考えられないことですが、この瞬間の感情が100%になる時に現実化するのです。100%の信頼(無償の愛)が成立した時、エネルギーの流れにより一瞬で現実化が起きるのです。これが思い込みです。ネガティブエネルギーは速度が遅く、現実化に時間がかかります。一方ポジティブエネルギーは高速で短い時間で現実化します。そこに信頼度100%が加わると、自分の中のすべてのエネルギーを動かすことが可能となり、さらにキャパが大きければ大きいほど周囲に与える影響が大きいのです。ポジティブエネルギーに限らずネガティブエネルギーでもそこに100%の信頼が加わると現実化が起きます。例えば、病気になったり、いじめたり、いじめられたり、殺人事件、戦争、テロ、自然災害などに巻き込まれたり、大儲けしたり、有名になったりしますが、見返りも大きいのです。それはすべて自分の中の闇と光の闘いだからです。その見返りの影響を一番受けるのは、自分自身や愛する家族やペット、観葉植物などです。

　依存がある限り自分を100%信頼することはできません。少しでも心配したり、頼ったりすると依存になるからです。例えば、病気になった時、医者や薬に頼ると自然治癒力が低下します。絶対自分で治すと強く思った上で、薬や医者に頼るようにすることが必要です。家族への心配や不安も同じです。これも依存になります。すべての人は最初から自分の人生を決めています。だからどんな状況であっても幸せなのです。そう思えるようになれば、依存から自立できます。そして、病気になった子どもや家族に対して「頑張って闘っている、生きようとしている」とポジティブエネルギーを送ることができるのです。

　実践例
　気功を受けにいらしたお客様が、
「身体中のあちこちが痛み大変です。私はとってもネガティブなんです」と言ってきました。私は、
「凄いですね。病気になってしまうほど苦しんでいるのですね」と言うと、
「はい、苦しいです」とお客様。
「そうですか。どんどん落ち込んで苦しんでください。もっともっと苦しんでください。苦しめば苦しむほどあなたの愛は大きいということになります。自分のことだから、家族のことだから、親しい人のことだから苦しいのですよ。隣の人だったら、他人だったら、よその国の人だったらそこまで苦しまないですよね」と言うと、
「えっ、これで良いのですか?」
「はい、そうです。あなたは、愛に溢れていたから苦しみ、落ち込んで病気にまでなってしまったのですよ。愛を知らない人はそこまで苦しまないし、とってもクールです。やりましたね。OKです。あなたは自分を守ろうとしただけです。すべての感情の下には無償の愛が眠っているのです。あなたは大きな勘違いをしていたのです」

27．覚醒

　私たちは本当の自分を知らされずにこの地球に生まれた。

　そのため、私たちはどうして苦しみ続けているのかわからないままに、ポジティブとネガティブ、この2つのエネルギーに翻弄され、自分で判断したりしていたが、解決できない問題に直面する度に「〜に言われたから」とか「〜に書いてあったから」と結論を親や社会規範などに判断を委ね自らの思考を停止してきた。

　私は自問自答を繰り返す

一体全体、私たちは事の善悪の判断をどこから学んだのであろうか？

　両親や兄弟を始めとする周囲の人たちからか

　キリスト教、仏教、イスラム教、神道などの宗教からなのか

　共同体の掟や社会の同調圧力などの激流に抗うことなく受け入れてきたのか

では、私たちは何のために生きているのか？

　神様の御加護に運命を委ねるのか

　天命に従い生きるのか

　宇宙の采配で生きるのか

「違う！違う！違う！」と思うのは私だけなのか

　自分のために生きるのではないのか

　この世界は私が創っているのではないのか

　では誰が主役なのか

幸せは与えられるものなのか？

「いや違う、幸せは自分で掴むものだ」

地球の未来は自然界と私たち人間にかかっている

　生を受けた者にだけに与えられた権利であり義務でもあるのだ

　人類が忘れていたことを自然界は決して忘れてはいないのだ

　私たちは、その大切な自然界を戦争や環境汚染など人間の欲望を満たすために破壊し続けてきた。自然界が食料や住まいを提供し私たちを育て、病気を治し、心の病を癒やしてくれていることを私たちは当然のことのように考えていた。

　そして、ついに私たちは決してやってはならないことをしてしまった。それが原子爆弾だ。核開発は地球の内部まで傷つけてしまったのだ。

　2019年、富士山の声が心に響いた

「私が噴火することで地球内部のネガティブエネルギーを放出できます」

「えー、噴火ですって」

「地球が苦しんでいます」

「待ってください、何とかします」

　私は、その時、富士山の形を崩したくないと思い、噴火をとどまってもらった

　そして、ついに富士山が叫び声を上げた

　2022年7月18日　何かに呼ばれるように急遽長野に向かった

　1人の巫女を通して、私は富士山からのメッセージを受け取った

「富士山が見えます、マグマが、樹海が怒っている」

　7月19日　真夜中12時前　夢を見た

　地球内部のマグマがエメラルドグリーンの湖に変わった

　7月20日　仲間20名で富士山の樹海に向かった

「ありがとう、感謝します、認めます」と20名で祈った

ルールは決してお願いはしないことだ。もちろんお願いしても富士山を始め自然界は叶えてくれようとする。しかし、神は違う。自分や家族のことを願うとギブ＆テイクとなり、その代償を払わされるので注意しなければならない。他人のことや世界平和や人々の幸せなど無償の愛が成立する場合見返りは求めない。

　私たちは地球上の自然界、宇宙、ご先祖様、天使や妖精、神々などすべての力を結集し、ついに富士山が噴火しないというパラレルワールドを選択した。

　その結果、地球内部に溜まったネガティブエネルギーを放出しなければならなくなった。

　9月9日、私たちは広島に行き、人類の最大の悲劇の象徴である原爆ドームと広島平和記念資料館に向かった。前日8日、出雲大社や厳島神社などを参拝し神々と宇宙の協力で光の柱が造られ、夜間の内に多くの被爆者が上がっていった。私たちが訪れた当日には、原爆の地はすでに癒やされていた。

なぜ神ではなくて、山が、富士山が声をかけてきたのか？

　神が中心で主役ではないのか

　山や自然界が本当の無償の愛を知っているのか

　亡くなった愛猫の声が木霊する「あなたのためなら死ねる、それが私の喜びです」

　神ではない、天でもない、宇宙でもない、主役は私たちだ、自然界だ、この地球に権利があるのだ、生きる権利があるのだ

　私たちの未来・地球の未来は自分たちで創るのだ

神はあくまでも支える側であった

　しかし、私たちが神を絶対的な存在とし崇め敬ったために、私たちの思考は神という大きな概念の中に埋没してしまった

　それが、枠であるということさえも気づかないままに

悠久の時が巡り、今そのとてつもなく巨大なベールが剥がれ、真実が表に現れ始めた。虹のように何重にも覆っていた強いエネルギーの本来の姿は、私たちが長い間信仰してきた概念（宇宙・天・神など）であったと、誰が予測していたことだろうか？

　あまりの衝撃に私は言葉を失った

宇宙の流れ

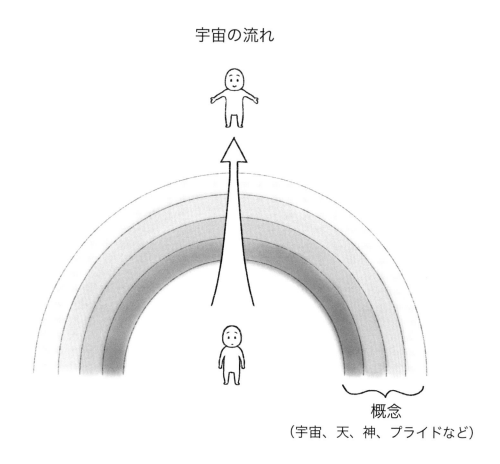

概念
（宇宙、天、神、プライドなど）

　試行錯誤を繰り返すも、結論が出せぬまま世代を重ねたものとは何か、それは、私たちがこれまで守り続け、私たちを束縛してきた概念であり、自分たちで創り上げた神・天・宇宙という枠であった。どうしても抜けられることができなかった３次元のマトリックスこそが覚醒への鍵であった。

人知では計り知れない枠とは、私たちを永久に閉じ込め守り続けてきた概念とは、いったい何なのか？

　私たちがこの地球に生を受けたのは、両親の愛があったからだ

　私たちが世界の平和、人類の幸せを願っているように神・天・宇宙も思いは同じだった

　この思いを実現する原動力は、まさに愛、無償の愛だった

　神・天・創造主・宇宙の根源という大きな大きな存在から与えられた道に従って生きていくことをやめ、自分軸を確立した時、3次元的なあなたの人生は終焉を迎える。あらゆる束縛から解放され精神的自立を手に入れた時、あなたは「自由」という翼を手に入れる。

　さあ、孤独の中に生きてきた鳥たちよ！

　まもなく夜明けがやって来る

　籠から一歩踏み出し、日の出と共に朝焼けに向かって羽ばたけ！

　もうあなたの行く手を遮るものは何もない

　あるのは、愛と自由とあなただけだ

　そして、そこからすべてが始まる

28. 師匠は猫のどらみちゃん

　2021年12月12日、道路を走行中に後続車に追突される事故に遭いました。事故現場は神社のすぐ脇です。その瞬間、あの事故でどらみが私の身代わりとなり死んだことを知ったのです。

　追突のためスピードが上がりハンドル操作が不能となりましたが、幸いなことに人も対向車もなく、ガードレールに２ヶ所、縁石に２回接触、さらに後ろの車からもう一度追突されて、信号機の手前で止まりました。車は全損・廃車になりましたが、私は幸いにも軽いむち打ちで済みました。

　数日後、事故の１ヶ月ほど前の11月11日から行方不明だった愛猫のどらみからの声で気づきました。それは、

「あなたのためなら死ねる、それが私の喜びです」

　翌年の６月12日に中古車が私の元にやってきましたが、運転席の下から前の持ち主のハンコが出てきました。私と同じ名字の方の車でした。

　ノラ猫だったどらみが我が家に居つくようになって半年後、18年と４日共に過ごした愛犬・うめが亡くなりました。その時、うめがどらみに私のことを託します。その使命を受けたどらみの快進撃がはじまりました。

　その年の春と秋にどらみは合計８匹の子どもを産みました。ところが、次々と子猫たちがまだ腑に落としていない私の身代わりとなって死んでいきました。どらみは私に本当の無償の愛を教えようとしたのです。何度も何度もどらみからの特訓を受け、私は本物の無償の愛に気づいていきました。

これで終わりだと思った。しかし、どこか納得しきれない自分がそこにいた。何かが残っている。それがわからない。ずーっと心の奥にくすぶっていた思い、それは何なのか？

どらみの声が木霊する「あなたのためなら死ねる、それが私の喜びである」。

どらみの思いは腑に落ちた。だけど、どうしても腑に落ちない、腑に落ちない、腑に落ちない、何が腑に落ちないのか？

それは、残された側の自分だった。愛する者が、それも自分のために身代わりで死ぬ、それが喜びだと・・・？

嫌だ、嫌だ、嫌だ、腑に落とすことなどできない、できない、できないーーーーーーー！

心が破裂しそうなほど苦しい

絶対無理だ！

認めたくない！

腑に落としたくない！

いっそのこと死んだ方がましだ！

そのために過去世において、私はいったいどれだけ自分を殺してきたのだろうか？

どれだけ経験すれば腑に落とせるのだろうか？

なぜこれほどまで苦しまなければならないのか？

すべてを腑に落とさなければ、この３次元（輪廻転生）を卒業できないのか？

あきらめるのか？

お前はここまできて、あきらめるのか？

それでいいのか？

どらみの死を無駄にするのか？

自分に問いかける

そうか！

ふと思った

どらみの言葉を分けてみた

あなたのためなら死ねる

「　　　　　　　　」

それが私の喜びである

この言葉の間にまだ言葉があるとしたら、それは何なのか？

わかったー！　わかったー！　わかったー！

10ヶ月間の苦しみから私はやっと解放された

バンザーイ！

どらみちゃん、ありがとー！

ここで私の答えを記すべきか悩みましたが、あなたなりの答えを見つけてください。

29. まとめ

★私たちの感情こそがこの世界を創っているのです。

　私たちは、自分の置かれた状況や価値観に基づき世界を認識しています。すべてが自分の世界なのです。百人いれば百通りの世界があり、それぞれすべて異なるのです。したがって、あらゆる存在と繋がる唯一の方法は、相手を認めるだけなのです。

　人は、どのように過去を隠蔽し改ざんしても自分自身をごまかすことはできません。**自分探しの旅**、本当の自分を知るには、まだまだ時間と苦悩が強いられます。

　すべてを悟るには、宇宙からの情報量に耐えられるだけの強靱な精神力と肉体（ボディ）が必要なのです。身体を失うとわかりますが、魂の大きさ（キャパ）は、それまでの人生経験に左右されます。苦悩が大きければ大きいほどキャパは広がり人生は豊かなものとなります。

　人を巻き込むような強いエネルギーの人は、支配欲が強く不安や恐怖を媒介とし自分の手足となって動く人（イエスマン）を作ります。実は、とっても寂しい人です。孤独なのです。何とかして皆から注目されたいという強い強い承認欲求の現れです（主にプライドが高い人、事業などに成功している人、権力や名誉・お金に執着している人、カリスマのように注目されているなど目立ちたい人）。

　一方巻き込まれる人は、自分軸が脆弱です。強大なエネルギーに飲み込まれ、特定の存在や理論に振り回され思考停止状態となり、マインドコントロールされてしまいます。情報の一方通行により、あたかも自分たちだけが正しいかのように思い込み、自己判断を放棄することで責任転嫁できるという逃げ道があるのも否めません（主に自己中心的でプライドの高い人に多く、周りからの自分の評価が気になり、巻き込む人ほどではないですが強いエネルギーを持っています）。

104

共通していることは、巻き込む人も巻き込まれる人も孤独になりたくないのです。

　この３次元の世界は、親子関係に代表されるようにコントロールする側とされる側に分かれ、一定の平衡状態（バランス）を保ち営まれています。

　今、その既成概念を乗り越えるため精神的自立が必要とされています。特に巻き込まれた人は、そこが自分の唯一の居場所だと錯覚し、自分と闘うことをやめ、心の平穏を得て操り人形のような日常を送ります。それも自分で創っている世界です。

　多くの人が仮面をつけ本心を隠し自分を守ろうとするのは、本心を知られるのが怖いからです。何かに依存し精神的安定を求めますが、それは自分を信頼していない裏返しです。でも本当は既に守られ幸せで、自分で決めた人生を生きているのです。

　極限状態におかれると本当の自分が見え、本性と向き合わなければなりません。

　その苦しみに耐えられないと悪魔化し他の人を巻き込もうとします。本当の自分を受け入れられず、あまりの苦しさで心が折れてしまいます。そのため、あなたは別の世界に逃げ、その世界で幸せを感じて生きていきます。しかし、ネガティブは解消されないため、最終的にあなたが行ったすべての責任を負うのです。他の人のせいにも、社会のせいにもできません。責任転嫁は一切許されないのです。その時、積もり積もった代償の大きさにあなたは気づかされます。

　ネガティブと対峙するには、自分を守ろうとせず、人のため・愛する者のために命をかけて闘いに挑む必要があります。そこでは無償の愛が成立しネガティブがポジティブに変化します。恐れる必要はありません。既に自分も愛する者も守られています。ネガティブを忌み嫌うものと思わず、前向きに認めるだけで良いのです。肉体的苦痛も精神的苦悩も、あらゆる重い波動は自分のキャパを広げ成長する絶好の機会なのですから。

人にとって最大の難関は、パンドラの箱の中に閉じ込め隠し続けた真実を吐き出し（**身体から出す**）、認めることです。

あなたの闇が光に変わる時、3次元の最終試験に合格することができます。

この世界は瞬間の連続であり、そこには自分しかいません。初めから1人だったのです。寂しいという感情があったから、孤独が嫌だったから相手を創ってしまったのです。そのため、あらゆる感情が生まれたのです。感情こそがエネルギーを動かし現実化できるのです。

地球は、多くの惑星の中でも闇と光の2極の差が最も激しく、次元上昇がとても難しいと言われていました。しかし、この格差こそが、今回の次元上昇のための要、核となりました。どん底から上へ上へと昇る凄まじいエネルギーが宇宙全体を持ち上げ、バージョンアップを成功へと導いたのです。

すべての感情は「私に気づいて」という承認欲求なのです。何故なら、人は無視されるのが何よりも怖く、その結果「孤独」という感情が生まれ、この世界が創られました。外部からのネガティブエネルギーに巻き込まれ、自ら決定権を放棄することは逃げでしかありませんが、そうすることで孤独から逃れストレスを感じずに幸せな気分に浸れるのです。強力なネガティブエネルギーに依存する人生、それさえも学びです。間違っていません。死んでから次元上昇するのか、生きたまま次元上昇するのかを決めるのは本人だからです。優越感も劣等感も比較から生じたあなたのものであり、あなたの見える世界はすべてあなたが創っています。あなたは最初から自分自身と闘ってきたのです。

★本当の自分を知ることが覚醒です。

自分のすべての闇を知り、それを認め腑に落とすと身体が軽くなります。

しかし、それは大変な苦しみを伴うため**カルマフリー（初級編）**としました。

今世において、蘇る過去のトラウマに耐えるために**新型DNA**を持つ身体に変える必要がありました。

さらに、この地球の誕生以来積もりに積もった低い波動（ネガティブエネルギー）を解消することが求められました。

人類は病気や人間関係・事故・災害・戦争などで身体に溜まったネガティブエネルギーを発散し続けてきました。人は死ぬと、身体から魂が抜けます。喜び・楽しみ・幸せなどの軽い波動は持っていくことができましたが、重い波動（妬み・嫉妬・怒り・恨み・恐怖・悲しみ・苦しみなどのネガティブエネルギー）は、地球上に残ってしまいました。それが未成仏霊です。本体の魂から置いていかれた未成仏霊の中には、浄化されずに何世紀にも渡り、その時（成仏）を待ち続ける者も多いのです。

このネガティブエネルギーが地球を蝕み苦しめ続けたため、地球は、地震、津波、台風、火山噴火、森林火災などにより大量のネガティブエネルギーを放出せざるを得なくなり自然災害が発生しました。地球の悲痛な叫びなのです。

人間のおごりや甘えにより、とてつもなく長い間この循環を繰り返してきましたが、地球の限界が刻々と近づき、

「これでは解決しない、ネガティブをポジティブエネルギーに変えるという意識改革をしなければ、自分自身も人類も地球も破滅の道をたどらざるを得ない」

と気づいたのです。

第1ポイントの覚醒だけではすべての自分を知ることはできません。

沢山のチームが次元上昇を目指しましたが、その命をかけた挑戦は困難を極め失敗を繰り返してきました。覚醒はしたものの、腑に落とせず身体を持っていくことが難しかったのです。自分だけ上昇することができたとしても、他の人を次元上昇させるためには、地球全体の波動が追いついていなかったのです（24. パンドラの箱の【覚醒ポイントの図】を参照）。

しかし、新たな時代を迎え「ピラミッド型次元上昇」が、この難題を克服したのです。達成できたのは、皆でピラミッドのように上下左右が繋がり、お互いを支えながら上昇したからです。そのために私たちは現実の世界で膨大な経験を積み、あらゆる感情を学び、本当の自分を知るという果てしない旅をしてきました。

では「ピラミッド型次元上昇」がどのような状況で成功したのか？

それは、ある極限状況の中で起きたのです。私たちは自分の身体を守るため、意識を一点に集中しました。心の中に僅かでもネガティブがあると、その状況を乗り越えるのは困難だと思ったからです。そのためには、徹底した「自分見つめ」が必要でした。

★この難局を乗り切るには、もうどうなっても良い、自分も家族もすべてを失っても良いと思うことでした。その瞬間「あなたのためなら死ねる、それが私の喜びである」という至上の無償の愛が成立します。その時の深層心理は「絶対大丈夫」と自分も相手も信じた瞬間なのです。今まで多くの人たちが何度も何度も挑戦し自分の闇と闘ってきましたが、誰一人としてこの領域に到達できませんでした。

しかし、永遠とも思われる時が過ぎ、私たちはそこを切り抜けるという宇宙史上始まって以来の大業を成し遂げたのです。

それは幼い子どもに託された使命でした。誰にも依存することなく、たった一人で、過酷で想像を絶するほどの極限状態から脱出することが必要とされたのです。

そして、その子どもの家族や友人は、その「過酷な運命をひたすら見守り続けなければならない」という苦渋の決断をしなければならなかったのです。私たちの愛するその子どもがこの状況を絶対一人で乗り切れると心から信じたのです。

今回、そのたった一人の子どもと見守る側（すべての存在）の至上の無償の愛の思いがシンクロし、この宇宙を越える巨大な渦となり、奇跡が起きたのです。感動したすべての人の心が１つになったからこそ成し得たことだったのです。それがピラミッド型次元上昇だったのです。

すなわち、ピュアになり一切の疑念を持たずに絶対にできると信じ切る、つまり幼い子どもでもできることだったのです。

「あなたのためなら死ねる」という感情を学ぶことができ、それが「私の喜びである」とするならば、どんな苦しみも喜びとなる。

まず相手の立場で相手の気持ちになってみることです。なぜなら周りすべてはあなたの鏡だからです。

次に愛する者や家族以外のすべての人に向けることができれば、あなたは想像もつかないほどの奇跡を起こせます。つまりその瞬間、未来が変わるのです。

この言葉を腑に落とすことができたら、認めることができたら、あなたは知るだけで良いのです。すべての感情を当てはめてみると納得します。

例えば、死ねるの部分を他の感情に応用してみます。

あなたのためなら、憎むことができる、それが私の喜びである。

あなたのためなら、泣くことができる、それが私の喜びである。

あなたのためなら、何でもできる、それが私の喜びである。

自分の愛する家族を相手に考えてみてください。

さらに嫌いな相手に対しても同じように考えてみてください。

すると不思議なことに、今までわからなかった相手の本当の気持ちがわかり、大嫌いだった相手を許すことができるのです。

そして、**すべての感情が自分を守るための無償の愛から生まれた**という驚愕の真実にあなたが気づいた瞬間、あなたの背負っていたすべてのカルマは解消されるのです。

私は、３次元で知り学んだ様々な感情を泣きながら、怒りながら毎日繰り返し吐き出し認めてきました。同時に個人から始まり神社仏閣から山や川などの自然界、国々、地球全体、そして過去にまで遡っての浄化が不可欠であることを知り、それを実践してきました。感情の吐き出しが進むにつれ、身体への負担が徐々になくなっていくと共に家族や友人を始め様々な人間関係も改善し、白黒写真のようだった景色も明るく色鮮やかな世界へと変わっていきました。今も変化し続けています。

そしてすべてが自分の思い込みだったと気づくことができました。もし有名な師匠などについて学んだり、セミナーや講演に参加したり、知識を増やすために書物を読みあさったり、山伏や僧侶のような荒行をしていたら、先達と同じ途を歩んだに違いありません。

地球を浄化するために最も必要なことは、無償の愛です。

すべてと同じになること、すべてを好きになること、すべてを愛することです。「あなたのためなら死ねる。それが私の喜びである」これを腑に落とすことですべてと繋がり動かすことができるのです。自分を100％信頼することが本物の無償の愛であり、この次元に到達することができれば、すべてを変えることができます。

つまり、「すべては１つ、ワンネス」とは自分自身への無償の愛なのです。

★すべての感情は自分を守るためだったのです。

　孤独ゆえに感情が生まれたとすると、私たちは孤独から逃れるために感情に頼ったことになります。つまり私たちは生きていくために、まるで海底に深く深く沈んでいくかのように感情に依存してしまったのです。

　光と闇という感情に

　ネガティブとポジティブという感情に

　陰と陽という感情に

　生と死という感情に

　善と悪という感情に

　そして、私が求め続けていた無償の愛という感情にもまた依存していたのだと気づいた時、もの凄い衝撃が私の身体を貫きました。まさに腑に落ちた瞬間でした

　無償の愛は既にあったのです。

　今、その原点に戻りました。

「11. 陰陽」の図をもう一度見てください。

　そこは闇でも光でもなくゼロポイントです。だから令和（れいわ＝○○）という年号が選ばれたのです。

　孤独（ひとりぼっち）＝感情が生まれた

　創造・現実化＝惑星ができ人類が誕生した

　覚醒＝生きたままの次元上昇に成功した

　ゼロポイント＝年号が令和となった

　ゆえに、私たちの思考からの感情こそがこの世界を創っていたのです。

　これは新しい考えではなく、私たちは思い出すだけで良かったのです。

本音になる（本当の自分）

自分を中心に世界を見るため意識が変わる

意識だけでなく身体さえも腑に落とすことで現実化が速まる

★おそらく皆さんもこのような経験があるはずです。

とりわけ極限状態では現実化しやすいのです。普段はできないとか、わからないとか言っているのに、自分の命にかかわると、その瞬間腑に落としてしまうのです。

重い病気とか自殺したいほどの苦しみ、交通事故、災害、戦争などで生死の狭間をさまよった時、あまりの恐ろしさ（孤独になりたくない）に死を選択し、即座に現実化してしまいます。

例えば、お医者さんから「あなたは癌です」と言われると、癌で死ぬと認識するため瞬時に腑に落とし、やがて死んでゆきます。あなたは死を選択してしまうのです。

これに打ち勝つためには、腑に落とした感情をすべて吐き出して認めます。「嫌だ！ 嫌だ！ 死にたくない！ 死んでもいい！ 死んだ方がマシだ！ いやいや家族のためにも生きたい！」と泣きながら怒鳴りながら、本当にひとりの時に心の底から絞り出すように叫んでください。充分に吐き出し切るとスッキリして、死ぬことにすらこだわらなくなり、すべての煩悩から解放されます。もうどうでも良いと思います。そうすると、あれほど嫌がっていた癌さんを認めることができます。認められた癌さんは喜びます。あなたは自分で創ってしまった癌さんを認めたことになり、それも自分自身の一部だとわかります。そして、あなたは自分の身体と闘っていたことに気づきます。

すべてのものは承認欲求を持っているので、認められるとポジティブエネルギーに変わります。それゆえ、あなたの身体も生きることを選択するので病気は回復に向か

うのです。

　つまり、未来が変わるのです。

　ご先祖様から、妖精・天使から、鬼や悪魔から、神々から、自然界から、地球から、宇宙から、あらゆるものからの声が寄せられています。

　自分を俯瞰することができましたね

　本当の自分に気づきましたね

　ここまでとうとう到達できましたね

　成功です！成功です！成功です！

　おめでとう！おめでとう！おめでとう！

　世界は変わりますよ

　新しい世界がやってきます

　私たちが、あなたが

　素晴らしい世界を創っていくのです

　その瞬間から、あなたの見える世界が変わります

30. 苦しみと悲しみと喜びの果てに

2023年4月26日　依存からの自立

　私を今まで支えてくれた家族や友人、命がけで私を守ってくれた猫たち、自然界における森羅万象だけではなく見えない世界のあらゆる存在を手放した時、私は「すべては1つ、ワンネス」という境地に到達した。それに気づいた瞬間、すべてが自分であると知った。

　それでも苦しみが残った。その僅かな苦しみに身体が反応した。「認める、認める、認める」と繰り返しても苦しみが消えることはなかった。毎日のように鎮痛剤を飲み続けた。私の心の奥で「大丈夫ですよ。大丈夫ですよ」と声がした。「大丈夫じゃあない！　大丈夫じゃあない！」と繰り返し自分に向かって反発した。わかっているのに、どうしても腑に落ちない。まだ自分を守ろうとしている。なぜなのか？

2023年4月28日　死は孤独からの逃げだった

　私は自問自答を繰り返す。

「そうか、死にたいのか」死にたいのに、一方で死にたくないと反発している自分がいた。自分の過去、前世の記憶が蘇り、本当の自分がわかった。そうか、自分は死にたいと思っていたのだと腑に落ちた。しかし「死んではいけない、生きてください」とメッセージが聞こえてきた。どうして生きることの苦しみから逃げたいのに死なせてくれないのか。この声の主は誰か？

　<u>私、自分だった</u>

　私は長い間逃げ続けていた。いったい私は何から逃げてきたのか？

　<u>それは孤独からだった</u>

孤独になりたくなくて、死を望んでいた。周りに誰もいない、何もない、孤独は死ぬことよりも恐ろしい地獄の苦しみだと知っていたからだ。ほとんどの人たちは、それをパンドラの箱に閉じ込め決して開けようとしなかった。いや、開けてはいけないのだ。絶対に！　開けたら死ぬ。死ぬ方が楽だからだ。闇は死に向かおうとする者たちを守っていたのだ。

　「あなたのためなら死ねる。それが喜びである」死は地獄の苦しみを救ってくれる唯一の途であり、無償の愛だった。この世界に生まれたことは最大の喜びであると同時に、最大の苦しみの始まりだった。私たちは、この身体で現実の世界で生きられることだけで幸せだったのだ。すべての感情の素晴らしさ、つまり無償の愛が実感できるのだから。

何という喜びであろう

何という幸せであろう

私はそれに気づかずに生きてきた

本当の死を意識した時、初めて気づいた

ただ、ここに存在するだけで幸せであると

私はすべてに感謝した

ひとりではなかった

私はいつも守られていた

闇も光も味方であり、私の命を守ろうとしていたのに気づかずにいた

　感謝の気持ちが心の深遠に浸透していくように、私はただただ幸せのエネルギーに酔いしれた。やがて、私は私でなく、すべてとなった。その瞬間「すべては１つ、ワンネス」を再認識させられた。

2023年4月29日　3次元の概念に囚（とら）われていた身体からの完全な自立

それでも、まだ完璧ではなかった。僅かだがまだ腑に落とせないものがあった。

それは何か？

<u>身体だ、身体が残っていた</u>

私の身体が必死に訴えかけてきた

「まだです。気づいてください」

「あなたのためなら死ねる。それが喜びです」と

そういうことだったのか

　私は、物心ついた頃から命がけで生きてきた。どんな相手にもどんなことでも向かっていった。怖くはなかった。いつも退路を断って生きてきた。そのため身体は必死に私を守ってきた。あまりのエネルギーの消耗により身代わりとなった私の身体は、次第に巨大化していった。

　そうか、この世界は私たち一人ひとりが創ったものなのだ。あるのは、ただ「思い」だけだった。長い間私を守ってくれていた身体に感謝した瞬間、腑に落ちた。ついに人間の命の域を超えてしまった。私という魂を命がけで守るため、人間ではない、神でもない、それ以上の存在となった。<u>この身体に送る言葉こそが心からの「ありがとう」</u>だった。

2023年4月30日　神も天も宇宙もすべてが自分であると腑に落ちる

　すべてに感謝した時、10ヶ年に及ぶ私の使命は終わりを告げ、私は表舞台から身を引くこととなった。こうして、宇宙の法則を越え、新たな宇宙が誕生した。

<u>皆さん、未来に向かって今を生きてください</u>

<u>私たちと共に！</u>

2023年5月1日　この世界の全貌が明らかになった

さあ、お金よりも愛を選択した者たちよ

死ぬことよりも生きることを優先してきた者たちよ

すべてを手放し、魂を解放できた者たちよ

今度は自分の身体のために生きてください

どのような選択も自由です、あなた次第です

お金儲けもしてください

本当の無償の愛を知った者だけにその権利が与えられます

おめでとう！

この覚醒のためのテキストは、遠い遠いはるか昔、犯した罪のために永遠に幸せに
なることを許されなかった者たちが、苦しみと悲しみと喜びの中で、仲間と共に「闇
と光の闘い」に挑み、勝利したノンフィクションです。

ここまで読んでいただき、心よりお礼申し上げます。ありがとうございました。

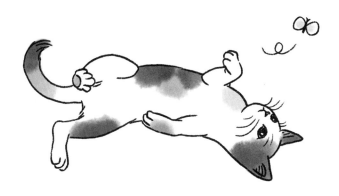

おわりに

　やっと、ここまできました。まだまだ先があるかもしれません。

　既存の組織であれば途が用意され、新幹線のような速さで進むことができるでしょうが、私は、途なき途を進み、独自の考えを模索しながら一歩一歩進んできました。徒然草に「**先達はあらまほしきことなり**」という言葉がありますが、そうすることによって依存が始まってしまいます。

　もちろん、私が全く依存しなかったわけではありません。

　一冊の本に出会い、私はすべてを自分のものにしようと、何年もの間、生活費がなくなると働き、お金が貯まると仕事を辞めるという生活をしながら、その本の解読に没頭しました。

　一字一句、言葉の意味を調べ、重要と思う文章は、丸暗記し何回も口ずさみ腑に落とそうとして唱えてきました。それでも腑に落とすことができず、苦しみの日々を過ごしました。その頃は、私の話を誰一人として聞いてくれず、孤独を感じる日々でした。

　なぜ私の考えは理解されないのか。

　暗中模索の中で、一筋の光が見えました。それは、自分軸を強固なものとし、自分の本心を自分の言葉で伝える、すなわち依存と決別することでした。

　100％自分を信じるためには、愛する家族や仲間たちからの自立が必要でした。さらに3次元で学んだあらゆる概念を乗り越えなければ、自らの途を切り開くことは不可能だったでしょう。

　孤立無援の状況で、苦しみのあまり、その感情に溺れ、身体が私の身代わりになっていると気づき、私は自分からも自立しなければと覚悟を固め、命がけで自分自身との闘いに挑みました。

　最も愛するこの身体を救うために！

自分の中にネガティブな感情があり、愛する者を心配している限り、どうしてもエネルギー交換してしまいます。心配というネガティブエネルギーを送らないためには、どうすれば良いのか？

　まず、「すべてのエネルギーは闇も光もなく等質である」という切り口で考えました。しかし、長年身体に染み込んだ概念を外すことは至難の業でした。
　苦しみ抜いた末「すべての人は自分の人生を計画しているので幸せである」という考え方ならば、その人から自立することができると気づいたのです。だとするならば、「愛する家族がどんなに苦しんでいても、自分の命を守ろうとしているのだから頑張れ！」と応援することができ、ポジティブエネルギーが送れたのです。

　待ちに待った時が訪れました。
　浄霊付きの気功・セミナーや個人セッションを通し、私の話に関心を持つ仲間が続々と集まってきたのでした。そして、とうとうUME（ユーエムイー）の発足となったのです。

宇女

　本書の目的は、従来の差別や搾取を支えてきた論理を払拭し、新たな時代にふさわしい価値観を構築することです。制度や社会規範をどう変えようが、支配する側とされる側に大別される世界において、「富と権力」に追随した考え方では時代に対応できません。
　調和と協調を基本理念とする新たな時代にふさわしい価値観を私たち1人ひとりが身につけるため「自分軸」を確立し、自らの途を切り開き「光」を見い出す。そのため己を極限状態に追い込まなければ本音が姿を現さないのです。その本音がいかに醜くてもそれを素直に認め許し、腑に落とすことが必須条件です。
　自分探しの旅は、模範解答があるわけではなく、自分のネガティブを解消し、前向きに生きる術でもあります。このお題目を唱えればすべてが解決するなどという特効薬はありません。自分と真摯に向き合うことでしか前に進めないのです。

人類は産業革命以降、物質的豊かさが幸せに繋がると考え、大量生産・大量消費の下で、地球に自浄能力の限界を超える負荷をかけてきました。その結果、地球の温暖化・密林の砂漠化・海洋汚染などの環境破壊が起こり動植物の生態系に大きな影響を与えています。

　要因の１つとして、私たちが周囲と比較することで心の充足感を満たすことがあげられます。このままで充分なのに、周りよりも秀でる。競争に勝つことで満足する。このやっかいな欲望が権力欲・名誉欲・物質欲などの根底にあり、一度とりつかれると際限のないものとして、自分自身を束縛していきます。隣人が高級車を買う・海外旅行へ行く・子どもが有名校に入学するなど、自分にないものを手に入れると「嫉妬」から陰で悪口を言ったり、SNSで誹謗中傷したりすることで人間関係が悪化します。その一方で隣人に不幸が起こると上から目線で優しい言葉をかけ、勝者の気分に浸ります。それが今までの人の性なのです。

　新たな時代を迎え、自分軸を確立し、調和と協調の人間関係を創り上げるため同書を理解するだけでなく、実践することであなたの人生をより豊かにすることができると思います。

朔ら

エピソード

なぜネットワークに気づいたのか？

〈地球上で一番スピリチュアルな木〉

　我が家のすぐ裏にある公園を愛犬（うめちゃん）と散歩をしていた時です。

　東屋の近くを通り過ぎると、どこからか私を呼ぶ声が聞こえました。

「おいで、おいで」と。

「えっ、何？」と振りかえると一本の大きな木が私の目に留まりました。

「どうして私を呼ぶの？」とちょっぴり怖れながら近づくと、今度は「さわって、さわって」とその木が言うので、私は右手でその木に触れました。

　すると、「みんなで『やめてください、やめてください』と声をかけたのです」と話しだしました。

「えー、いったい私に何を伝えようとしているの？」訳もわからず、その木に意識を集中しました。

　その木さんの話をまとめると、

「夜、１人の男性が東屋で首をつろうとしていました。それに気づいた私たち（公園の木々）は、みんなで声をかけたのです。『やめてください、やめてください』と、でも私たちの声はその男性には届かなかったのです」

　私はやっと木さんたちの気持ちがわかり、自然と涙がこぼれました。なんて優しいのでしょう。

1ヶ月ほど前、その東屋で中年男性の首つり自殺がありました。

　公園の木さんたちがその男性を助けようとしたこと、さらにその男性が私に憑いていることを伝えてきたのです。私にそのことを知らせてくれた木さんは、地球上で一番スピリチュアルな木と言われている「メタセコイヤ」でした。

〈大杉さん〉

　赤城山の東側に鎮座する神社に行った時のことです。

　樹齢1200年にもなる大杉に両手でそっと触れていると、想像を絶する大きなハチがブーンと現れました。恐怖はなかったのですが、身動き1つせず「私は怪しいものではありません」と念じ続けました。巨大なハチは、私の頭の周りをまるでボディチェックするかのように飛び回ると離れて行きました。

　その後、その大杉さんから声が聞こえてきました。

「お前のこと、皆に伝えておいたからな」と。

　それからというもの、どの神社や寺院に行っても、沢山の木さんたちが「良く来たな」と優しく声をかけてくれるようになりました。

浄化・浄霊から学ぶ

〈エネルギーの先端は赤ちゃんのようにピュア〉

　私の浄霊は、話し合いです。

　お客様に憑いている方（人の霊・動物の霊など）に声をかけるだけです。私には、エネルギーの先端が小さな赤ちゃんに見え、お互いの赤ちゃんたちが握手をしたり、抱き合ったり、ケラケラ笑ったり、バンザイと両手を上げて喜んでいたりする姿がイメージとして浮かびます。

　その頃からでしょうか、私は怖いものがなくなりました。

　それまでは、怖いものだらけで、犬や猫が一緒に寝てくれたから良かったのですが、実は1人では寝られないほどの臆病者でした。犬猫がいない頃は、枕元に沢山のぬいぐるみを置き、大好きなぬいぐるみを抱いて寝ていました。幼い頃からしつけの一環として鬼や悪魔やお化けは怖いもの、人に危害を加えるものと教え込まれていました。

その概念を拭い去るのには長い時間がかかりました。

　一事が万事、そう簡単に今の自分にたどり着いたわけではないのです。

　数年前のことです。当時、私は浄霊付きの気功をやっていました。

　人の霊の場合は自殺した方が多く、動物霊は、ヘビ、キツネ、タヌキ等の小動物でしたが、経験を積んでくると、次の課題が与えられました。竜が憑いているお客様がやってきました。竜を浄霊するのは初めてのことでした。何しろ、私の気功も浄化・浄霊も先生や師と仰ぐ人はなく、直接心に舞い降りてくる声に導かれて行っています。悪霊退散のような対立関係ではなく、決して無理せず常に話し合いで解決してきたのが良かったのか、幸いにも私は一度も攻撃を受けたことがありませんでした。特に動物霊は、可愛くて抱きしめてしまうほどでした。

　しかし、相手は竜さんです。どうしてよいやら困った私は毎日その竜さんに、「竜さん、竜さん、お願いです、私の話を聞いてください」と話しかけました。

　2週間後、とうとうその竜さんが私の声に反応し、竜の浄霊は大成功に終わりました。ところが、少しすると、上がったはずの竜さんが、舞い戻り、私に憑いてしまったのです。「えー、どうして」と思っていると、その竜は私の頭をカプリと口に加えるとペロペロとヨダレが垂れるほどなめ回し始めました。その時、その竜が、かつて私の竜神だったことを思い出しました。

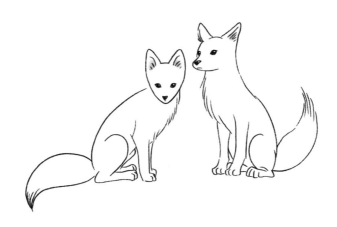

次の課題は、遠隔による家の浄化でした。

　そこで竜さんの時と同じように、

「土地さん、建物さん、木々草花さん、お願いです、私の話を聞いてください」と話しかけてみました。

　1週間後、「OKだよ」と声が聞こえ、浄化は大成功でした。

　その後は、土地さんに声をかけるとすぐ返事がくるようになり、簡単に浄化できるようになったのです。これが私の浄化・浄霊のやり方です。

　そしてある日、地球内部からの声が聞こえました。

「協力します」と。

　しばらくすると、また声が聞こえきました。

　それは「あなたに全面的に協力します」でした。

　それからでしょうか、その家の周囲だけでなく広範囲にわたり瞬く間に浄化できるようになったのです。

　直接出向いての家の浄化もやりました。欲がないわけではありません。生活のためには必要だと思いながらも当時は5000円から始まりました。

　・交通費込み

　・お供えを2つ込み：1つは御仏壇

　　　　　　　　　　1つは土地、建物、木々草花、その家にいらっしゃる霊的存在に対して

　・気功1名様分（当時は60分3000円）込み

　お客様の家に行った時は、まず御仏壇に挨拶をして、その家にいらっしゃる霊的存在にも挨拶をします。すると皆さん気持ち良く迎えてくださいます。

　家の浄化も浄霊も簡単です。必ず1対1で真剣に相手に話しかけます。

「私はあなたからどんなことをされても、私は命がけであなたを守ります」と、無償の愛です。

しかし、赤字が続き生活が苦しくなると、自分の中に不満が出てきました。
「赤字になるほど安くていいのだろうか？　もっと値上げすべきなのか？」と何度も思い悩み続けました。
　ある時、10000円（※現在この金額ではしておりません）で家の浄化を請け負いましたが、その家だけでなく周辺の浄化も必要だと感じたため、神々の応援が加わっての大浄化となりました。
　浄化が終わるやいなや真っ黒な雲が現れ、竜巻が発生するのではないかと思われる天気に急変。「雨の確率ゼロ」の天気予報に反し、その周辺一帯に大雨が降りました。私の仕事に付き合っていた友人も干してある洗濯物や布団を取り込むために大慌てで帰りました。
　この時、大量のネガティブエネルギーは天候まで変えてしまうことに気づきました。

　帰り道、私の中で、
「これだけやって10000円、今日の私の支出を引くと3000円にも満たない。だけど、私だけの力では無理な浄化だった。この仕事続けるべきなのか？」と悩んでいると、声が聞こえてきました。
「それで良いのですよ」と。
「えっ、どういうこと？」
「・・・？　そうか、そういうことだったのか」と私は大きな勘違いをしていたことにやっと気づき、**浄化・浄霊したのではなくて、させていただいたのだ**とわかったのです。すると、また声が聞こえてきました。
「ありがとう、ありがとう、ありがとう」と。私の浄化・浄霊で上がっていった魂たちの沢山の声でした。その声は、悩み続けていた私の苦しみを一瞬で癒やし、喜びに変えてくれたのです。
「ありがとうございます。皆さんのご協力に感謝します」と、私はその魂と神々に心からお礼を言いました。
　今では、すべての人、すべての動物、植物、自然界に対し、相手がどんな状態であっても幸せであると思い、ただ認めるだけです。気の毒にとか可哀想だと思うとネ

ガティブエネルギーが行ってしまいます。幸せであると思うことでポジティブエネルギーが伝わり元気になると気づいたのです。神社もお寺もどんな建物に対しても同じです。認めるとネガティブエネルギーが大喜びし、ポジティブエネルギーになって飛んで行ってしまいます。

　感情こそがエネルギーを動かし、その感情の積み重ねが自分の世界を創っています。私たちはこの瞬間に存在しています。だから、今を生きることでしか未来を変えることができないのだとわかりました。

不条理の法則から逆転の法則
〈本心に気づく〉

「両親は私に対してだけ放任主義をとった」と私は思い込んでいました。

　母は、乳飲み子の私を同居している祖母に預けてしまったのです。私は物心つくまで、祖母を実の母だと勘違いして育ちました。そして、母の口癖が、

「お前は、橋の下に捨てられていた」

「お父さんは、お前を抱いたことがない」でした。

　高校１年生になったばかりの４月に親のように慕っていた祖母が亡くなると、一気に喜怒哀楽のない無感動・無感情の世界に落ちました。

　友人が亡くなっても悲しくなく、クラスメートとの会話で笑うこともできない、心が通わない家族との会話はつまらなく、次第に口数が少なくなっていきました。友だちだけは失いたくないと思った私は、テレビ番組「水戸黄門」の黄門様の笑い方を見て、毎晩笑う練習をしました。その結果、なんとか笑えるようになり友だちも増えていきました。

　氷のような私の心が溶け始めたのは高校３年生の夏でした。クラスメート20名とのキャンプがあり、その費用が自分で用意できなかったのです。旅行の前夜、勇気を出して、私は人生で初めて両親にお金をお願いしました。両親は泣いて喜びました。

　両親からの愛情を充分に受けていないと思い込んで育った私は、20歳の時上京し、保育士として働いていたのですが、両親の愛が欲しくて30歳を過ぎた頃、仕事を辞め

て帰郷しました。それだけではなく、具合が悪い母と兄の家族に飼われていた犬が心配だったのです。私は憐れなものを放っておけない性格でした。

　実家に戻ると、母は元気になりましたが、犬は時すでに遅く、フィラリアを発症し、2ヶ月後に亡くなりました。救うことはできませんでしたが、繋がれっぱなしだった状況から、朝晩の散歩、食事も栄養を考えたドッグフードに変わり、友だちもできて幸せだったと思います。

　それからは両親と私と2匹の黒猫と1匹の柴犬の雑種（うめちゃん）との生活は、時にはケンカもしましたが、愛に溢れた人生最高の永遠のひとときであったと思います。そんな生活を送る中で、私はしだいに自分の本心・本音に気づくようになり、両親の愛、犬や猫の愛、友だちや知人の愛、さらに自然界の愛、宇宙の愛に辿りつきました。
「そうか最初から無償の愛に包まれていたのか」と気づいた時、この世界の本来の姿が見えてきました。

　17年間一緒に過ごした猫の死から始まり、母の死、そして犬のうめちゃんの死から6年後父が脳梗塞で倒れました。
　入院中の父からの心の声が聞こえてきました。
「私は幸せだから、心配するな、今、お祝いの酒を飲んでいる」
　そして、私の心の奥深くに秘め続け、いくら考えても答えの出ない疑問に、父は初めて答えてくれました。
「私は、生まれたお前を何度も何度も抱こうとしたが、どうしても抱くことができなかった。それは、お前が神々しく光輝いていたから」
「お前の顔が眩しくて私には見えない」
　父は、昔から私の顔が認識できません。同級生と3人で撮った写真ですら私を当てることができなかったのです。
　ようやく父の本心を知り、家族に対するわだかまりが消え、感謝に変わりました。
　その後、父は回復して介護施設に入りました。後遺症はありますが元気です。

闇の心とは

〈ストレスがなくなると病気が消える〉

　20歳から7年弱、東京で保育士として働いていた時のことです。

　幼少の頃から犬や猫と遊び、友だちも多く、紅一点で草野球もやっていた私にとって子どもたちと遊ぶことは簡単でした。楽しくて、楽しくてしかたがなかったのです。自慢話になってしまいますが、私は保護者にも、子どもたちにも、とっても人気のある保育士でした。

　しかし、自分を出せず本音を押さえて子どもたちの世話をしていた私は、保育士として我慢することが多く、ついに6年目の冬、闇の私が出現したのです。

　2歳児の寝ている子どもたちを見て、ふと思ってはならない感情に気づきました。「私はいったい何をしようとしているのか？」恐ろしい感情が目覚め始めました。

　何日も続き、とうとう私は決断します。

「辞めよう」と。

　翌年3月に退職の意思を伝え、12月まで勤めて退職しました。そして、3ヶ月の準備期間を経て3月に留学のためアメリカへ飛び立ちました。

　不思議なことに、それまで毎日のように鎮痛剤などを服用していたのに、アメリカでは一度も飲むことはありませんでした。環境が変わり、ストレスがなくなると病気さえも消えてしまったのです。

本当の無償の愛とは

〈すべてを手に入れる〉

　あるお客様のことで、私はその方のハイヤーセルフ（ピュアな意識を持った本質）との話し合いを2度持ちました。なぜなら私にはその方の未来が見えていたからです。

　1回目の話し合いは決裂しました。

　私は怒りで、はしたなくもそのハイヤーセルフに向かって、

「カルマなんか、くそくらえだー」と叫んでしまいました。

２回目は冷静にと心がけて話し合いました。

「ハイヤーセルフさん、お願いです。私の命と引き換えにその方を助けてください」

と懇願しました。私の本気の申し出に困ったハイヤーセルフさんは突然消え、別の方がやってきて、

「あなたが死んだら、あなたの家族はどうなるのですか？」と質問してきました。

「えー、私の家族とお客様を天秤にかけるのかー」私はムカッとしましたが、冷静に冷静にと心がけ怒りを抑え、

「私はお客様を選びます。家族はどうなっても構いません」と答えました。少し間が空き、

「それでは、両方とも手放してください」と言ってきたのです。

　もはや私の怒りは頂点に達し、

「ふざけるなー、どちらかを選べと言ったから家族を捨ててお客様を選んだのにー、今さら何を言っているんだー、いい加減にしろー、絶対無理ー無理ー無理ー無理ー、両方手放すことなんかできないーーー、ハイヤーセルフのバカヤロー」と30分ほど泣きながら怒鳴り続けました。

　あまりにも聞くに堪えない言葉を吐き続けたためにへとへとに疲れた私は、あー、もうどうでもいいやと思い始め半ばヤケクソになり、

「わかりました。両方手放します」と答えました。

　突然、目の前に直径30センチくらいの地球儀が現れると、またハイヤーセルフさんの声が聞こえてきました。

「はい、あなたは今すべてを手に入れました」

「・・・」その言葉に私は、しばらくポカンとしていました。開いた口がふさがらないとはこういうことだと思いました。

　結局そのお客様は亡くなりましたが、

「うめちゃん、ありがとうな」とその方の声が聞こえました。

後に、そのお客様とハイヤーセルフのことは「うめちゃんからの予告」だったと気づきました。

　3〜4ヶ月前にさかのぼります。あるイベントに出店するために車で向かう途中、どこからともなく懐かしい声が聞こえてきました。18年間寄り添ってくれた今は亡き愛犬うめちゃんでした。

「あなたは、これからすべてを手に入れます」

「えっ、何を言っているの？　うめちゃん」と声をかけると、

「これが僕からのあなたへの恩返しです」と返ってきました。その言葉を聞いた途端涙がポロポロと落ちてきました。

　大切なものを手放すと、手放したものを含めたすべてがやってくることを知りましたが、あまりの衝撃的な回答に、当時の私は受け入れられず、ただただ呆然としていました。

〈苦しみが幸せだと知る〉

　2019年の4月30日、令和元年を迎える前日のことでした。

　山形の友人に誘われて鶴岡市立加茂水族館へ向かう途中のことです。突然身動きできなくなり、身体が重くなっていきました。後部座席で私の隣に座っていた友だちの声が届かないくらい遠く感じられました。

「いったい何が起きているのか？」

「どうしよう、身体が動かない」金縛りのような状態がどのくらい続いたのか、多分5分から10分ほどだったように思いますが、突然身体が自由になりました。その時何が起きたのか私には全くわかりませんでした。

　その晩友人のご主人の気功をやっていた時、不思議な感覚に襲われました。私たちの周りを白い服を着た方々が円陣を組んで見守っているのです。

「私たちにあなたのお手伝いをさせてください」と声が聞こえました。

気功が終わり、

「ねえ、ねえ、白い服を着た人たちが大勢やってきて、私の手伝いをしてくれたのだけど、誰なのかわからない。何となく山伏さんみたいなんだけど…」というと、友だちがネットで調べ写真を見せてくれました。

「うめちゃん、こんな感じじゃあなかった？」

「そうそう、こんな風だった」

　それは、出羽三山で成仏できなかった修験者さんたちでした。

　なぜ多くの修験者さんたちが私から上がっていったのか？

　その答えに気づかないまま時が流れました。

　2020年7月16日、即身仏が祀られている湯殿山に向かいました。その時は答えをいただくことはできませんでした。

　ところが、帰りの運転中に突然修験者さんの声が聞こえてきました。私はチャネラーではないので、正確に伝えられませんが、私なりにまとめてみました。

「私たちは何百年もの間、私たちの気持ちをわかってくれる人が現れることを待ち続けました。そして、平成最後の日にその人はやってきたのです。それがあなたです。出羽三山の近くを通過するあなたに気づき、一斉にあなたを目指し、あなたを介して上昇することができました。そして、あなたの仕事のお手伝いをすることが許されました。私たちは、何十年にも及ぶ厳しい修行を耐え抜き即身仏を目指したものの、その叶わなかった仕事をあなたと共にできたことは最高の喜びです。私たちを訪ねていただき心よりお礼申し上げます」

「最後にあなたの質問に答えます。死に向かっていく長い長い苦行でしたが、私たちは皆幸せであったとあなたに伝えます」

※修験道とは
　日本で発生し成立した山の宗教である。修験者の目的は現代では悟りを開くことであるが、明治時代以前は即身成仏することで、この身をそのまま現世において悟りを開き生きとし生けるもののために救いの手をさしのべられる即身仏（超自然的な力を得る）になることである。

※即身仏になるための修行とは
　木食修行は、山にこもり体脂肪を落とし、五穀を断ち、木と皮と根だけ食べて、骨と皮だけの体づくりを1000日から5000日かけて行う。
　土中入定は、木食修行後、石室で生き埋め、ミイラ化するのを待ち、3年3ヶ月後に掘り出される。

〈どらみちゃんの特訓〉

　愛猫どらみは、生後6ヶ月くらいまでノラ生活を送っていたため、気性が荒く慣れるまで時間がかかりました。人間を信用していなかったのです。どらみに避妊手術を受けさせることができたのは、2回目の出産を終えてからでした。1年近くもかかって、私はやっとどらみを抱くことができたのです。

　18年と4日共に過ごした愛犬うめが2014年3月22日の夜に亡くなる時、我が家に居着いて4ヶ月ほどと間もない愛猫どらみに思いを託します。
「ネネのことをよろしく」と。うめは私のことを「ネネ」と呼びます。

　うめの使命を引き継いだどらみの命をかけた闘いが始まりました。
　どらみは、その年の春に4匹、秋に4匹、合計8匹の子猫を産みました。子猫の成長していく中で1匹は避妊手術のための麻酔で亡くなり、5匹は交通事故で次々と亡くなりました。残った2匹の子猫の手がかからなくなると、どらみはやっと私と寝るようになりました。

うめを亡くし、私がペットロスを乗り越えられたのは、悲しむ暇がないほど、どらみと8匹の子猫の世話に追われたお陰だったと思います。

　ある日の深夜、トイレに行きたくなった私は、腕枕で寝ているどらみを起こさないようにソーッと布団から出てトイレへ。そして、どらみに触れないように静かに布団の中へ。

　あー良かった、どらみに気づかれず布団の中に戻れたと思った瞬間、メガネを外して寝ている私の顔面にどらみのパンチが入りました。

「ガッ」

「イターイ。何するのー、私は何にもしていないのにー」

　どうして！　どうして！　いったい私が何をしたっていうの？　今までも何回もパンチをもらっていました。でも、それはどらみの身体にぶつかったりした時だけで、それも超軽くです。でも、今回は全く触れていないのに突然のパンチ。ムカムカと私は1時間以上も怒っていました。

　落ち着いてきた頃、私はハッと気づきました。そうか！　どらみの身体に触れなければパンチはないと思い込んでいた私の気持ちを、どらみは読んでいたのです。そこで、私は考え方を変えました。どらみから顔面パンチをもらっても、たとえ失明しても私はどらみを見放さず守りますと。それから、自然とどらみのパンチが影を潜めました。

　しばらくすると、僅かなこだわりにどらみのパンチがさく裂しました。どらみに何をされても私はどらみを見捨てないと思うことで、どらみのパンチは無いと思っていた私の心の奥にある慢心を、どらみは感じとっていたのだと思います。

　ある日の夜中、どらみのパンチが私の顔面を襲います。

「ガッ」

「イターイ」

「ガッ」

「何するの？」

「ガッ」

「やめてー」続けて３回のパンチ攻撃に私の怒りが頂点に達し、とうとうキレました。「どらみー、出ていけー」と布団からどらみを追い出してしまったのです。

　その晩はムカムカしながら寝てしまいました。

　朝、目が覚めると私の傍らには、何事もなかったかのような様子でどらみが寝ていました。あまりの顔の痛みに気づき、鏡を見てビックリ。私の顔は血だらけでカピカピに乾いていました。幸いにも目には傷がついていませんでした。

　この時、心のどこかで、どらみを怖れていたことに気づきました。私はどらみを100%信頼していなかったのです。これが最後の試練でした。

　それからは、私がどらみのパンチを浴びることはありませんでした。

〈どらみちゃんの無償の愛〉

　さて、覚醒が進むにつれて自分の本心に気づけば気づくほど、私の苦しみは増しました。あまりの辛さで私は、ついに死ぬ決心をしたのです。

　父の留守を確かめて、仏壇が置かれている居間で死のうとしました。死を決めた瞬間、身体が私の死を感じ、グッタリとなり、動かなくなりました。すると、魂が上がり始めました。

「ああ、これで死ねる」と思っていると、そこへ凄い勢いで何かが突進してきたかと思うと私の右腕を掴み、

「ニャッ」と叫び、上がり始めた魂を引きずり下ろし、私の身体の中に戻してしまったのです。必死の形相のどらみでした。とても猫には見えませんでした。

「どらみちゃん、お願いだから邪魔をしないで、死なせて」とどらみに頼みましたが、どらみは私が死ぬことをあきらめるまで傍を離れませんでした。その日はあきらめ、日をあらためて死のうとしましたが、その都度、どらみがどこからともなく現れて計画は阻止され、自宅で死にたいと思う私の願いは叶いませんでした。

　３回の自殺は未遂に終わり、自宅から外へと変更せざるを得ないと思い、邪魔が入

らないで死ねる場所を車で探しに出かけました。

　ところが、運転中、周り中から沢山の声が聞こえてきました。

「お願いです、死なないでください、死なないでください、生きてください、生きてください」と必死に懇願してくる悲痛な声を浴び、ここでも邪魔が入るのかと思った私は、とうとう死ぬことをあきらめたのでした。

　自然界もまたどらみと同じく私を死なせてくれませんでした。ここで、ようやく私は生きる道を選びました。どら猫のどらみこそ、本当の無償の愛を教えてくれた私の師匠なのです。

　そして、2021年の12月12日の交通事故が起き、どらみは私の身代わりとなりました。2014年にやってきたどらみは7年の短い生涯を私のために生きてくれました。

　1匹残った三毛猫のさくらがどらみの意思を受け継ぎ、私を守ってくれています（「28. 師匠は猫のどらみちゃん」へと続く）。

　私はこの時、心の底から死にたいと願えば、身体が生きることをあきらめ、瞬時に幽体離脱ができると知りました。しかし、僅かでも生きたいという気持ちがあると身体はそれに呼応し必死に生きようとし、あなたの抱えているストレスを解消しようとし、時には身代わりにさえなります。そして、病気を克服するには、気持ちを変えるだけだとわかりました。

出版に寄せて（順不同）

しまだまゆみ（イラストレーター）　40代　東京都板橋区

　私は15年ほど前に弟を自死で亡くしています。罪悪感と喪失感の悲しみを抱えたまま生きていたことを、うめちゃんに会うまでは自分でも気づかずにいました。

　毎日、社会の流れに合わせ仕事をし、難なく生活をしているつもりでしたが、心はいつも重苦しく、世界は曇りガラスを通して見るように霞んで見えていました。悲しみに暮れ引きこもり、精神を病んでいく家族を見て、生きていくには悲しみに浸っている場合ではないと、私は自分の心を「パンドラの箱」に押し込め、自分自身と向き合うことなく生きていました。そうやって進んだ結果、私は自分を見失った独善的な人間になっていました。人のために良かれと思って動いたことは、状況を悪化させ、余計なお節介になっていました。職場でのいじめ、改善できない家族の心の病、負のループに陥った目の前の事象は私の心の中そのものでした。

　うめちゃんのお話を腑に落としながら、自分を見つめ受け入れていくにつれ、心は軽くなり現実も変わっていきました。長く封印していた心の奥の箱を開け、自分の闇と向き合うことは辛いことでした。けれど、それさえも大きな愛のギフト（※）であったと気づくことができました。それは世間の常識や概念に囚われた心では見えない視点でした。自分のありのままを認めることは、自分を取り巻く世界のありのままを認めることに繋がりました。うめちゃんとの出会いに本当に感謝しています。ありがとうございました。

※愛のギフトとは

　最初は妹さんのことで私の気功を受けに来ていました。その度にまゆみさんも気功を受けてくださいました。数回のセッションで「私は妹さんよりもあなたがやりたい」との申し出に、まゆみさんは心良く応えくれました。それは、この家族の問題を解決できるのは、まゆみさんだと気づいたからです。まゆみさんは、吐き出しができていなかったために沢山のネガティブを抱え、それが引き寄せの要因となり次々とネガティブな事象が起きていたのです。

「姉だからしっかりしないと」と長い間我慢し続けてきたまゆみさんに対し、「長女だから」と家族からの多大な期待がかかり続けました。この期待が依存です。まゆみさんは、家族の「希望の光」だったのです。それがどれほどまゆみさんを苦しめていたことでしょうか。しかし、家族からの重く苦しい思いこそが「愛のギフト」となりました。

　まゆみさんが、<u>自分のありのままを認める</u>ことで、３次元の自分自身から自立し、家族もまた自立して、それぞれの人生を歩むことになります。

宮内涼子　40代　埼玉県熊谷市

　うめちゃんとの出会いは2019年９月６日の気功からでした。出会う前はネガティブだらけで、10代の頃から常に身体が重く、体調不良を病院で検査しても未病状態でした。身内の不幸となかなか改善しない私の体調を見かねた友だち（会のメンバー・Ｋちゃん）がうめちゃんを紹介してくれました。

　最初は訳もわからず気功を受けて戸惑いましたが、身体はすぐに反応してデトックスが始まりました。あまりの辛さに１週間後には遠隔でうめちゃんの浄化をお願いして、楽になりました。私はうめちゃんの人柄や受け入れる器の大きさを感じ、いつしか信頼するようになりました。私は周りの出来事や人に振り回されることが何度かあり、そのたび、自分自身を見失うほど精神的にも肉体的にも落ちました。あまりの苦しさに耐えきれず逃げ出したくなった時は、感情を止めて何も感じないようにしていたこともありました。そんな私を見てうめちゃんや会のメンバーたちはいつも支えてくれました。

『自分見つめ』を繰り返す中で、徐々に見方・捉え方が変わり自分軸がしっかりしてくると、精神・身体が楽になることを痛感できました。人一倍気功やセミナーを受け、時間をかけてひとつひとつ腑に落としていきました。今までどれだけ自分の思いを押し殺し、我慢し抑えつけて生きていたことか。それに気づいた時は驚きました。私の心の中に何個もパンドラの箱があり、１個開けては認める作業を繰り返し、毎回「まだあるの！　いったい何個あるのよ！」と文句を言いながら開け続けました。

　一番辛かったのは、やはり親子関係でした。吐き出しても吐き出しても認めるところまで行かず苦しんでいました。そんな時です。父から母の持病が急に悪化して救急

搬送されたという連絡が入りました。駆けつけると昏睡状態の母を前にして医師からは、心臓が弱っているのでこのまま亡くなるか、たとえ意識が回復しても生存率は低く後遺症もあるだろうという説明を受けました。それこそ吐き出して吐き出して「お母さん！　死なないで！　私を置いて行かないで！　ひとりにしないで！」と泣き狂わんばかりに叫び続けました。今思うと極限状態に入っていたのだと思います。ついに「もう、お母さんなんてどうなってもいい（※）」と思えるようになりました。助かってほしいという執着を手放せるところまでようやく辿りつけました。ちょうど危篤に陥ってから3日目、母は奇跡的に意識が戻り、心配されていた後遺症は今も出ていません。こんなことがあって、ようやく母との関係の箱を開けることができました。以前に比べて受け入れるキャパが広がっていることを実感しています。

　ここまで成長するのには、決して1人では成し得なかったでしょう。常にメンバーがそばにいて支えてくれました。ありがとうございます。そして沢山いるメンバーの中でも私とKちゃんは特にうめちゃん泣かせだったと思います。深すぎて、掘っても、掘っても奥底に辿り着かない！　途中で嫌になったとKちゃんも言っていました。それでも見放すこともせず私たちの意識が変わるまで、ずっと待ち続けてくれたこの忍耐力に驚くと共に感謝しています。

　最後に「パンドラの箱」がキーワードだと思います。その箱の中に触れてほしくない、見たくない、知りたくない最低最悪な自分の大切な思い・感情が入っています。この思いを認めることができたなら素晴らしい大切な自分だけの宝物になります。周りが激変します。本当にビックリしますよ。ここをいかに乗り越えて認めるかが鍵だと思います。自分次第です。

※「もう、どうなってもいい」と固執している自我を手放すことでエネルギーが好転するのです。吐き出し認めることで、不安のエネルギーが相手に伝わらないから未来が変わり、お母さんが回復したりします。これが奇跡です。助かってほしいと思う本音の裏には、命があぶないという危機感があり、さらにその奥にあるお母さんを失うことへの孤独感があります。

ついひじみさこ（手芸作家）　40代　群馬県太田市
〈うめちゃんの会に出会って〉

　わたしは、小さい頃から見えない世界を意識して生きていましたが、周りの人に理解してもらえないことが多く、自己完結した世界観を作っていました。

　ですが、地球の次元上昇と共に一人ではなく、みんなと繋がって更なる大きな体験をしたいと思うようになりました。「パンドラの箱」の開け方をうめちゃんに教えてもらい、どんどんネガティブを認められるようになりました。個とワンネス、スピリチュアルと科学、ネガティブとポジティブ、などなど。対局にあると思われていたことが、うめちゃんのお話を聞いてどんどん一つに繋がっていきました。

　そして、すべてがダイナミックに次元上昇していく宇宙を、これからみなさんと一緒に体験できることが本当に嬉しいです。

小沼富恵　50代　埼玉県熊谷市

　うめちゃんとの出会いは2019年の11月で友人からの紹介でした。すぐにお会いしたいと思い、気功の予約を11日にお願いしました。20年前に亡くなった主人の声をずっと聞きたいと思っていたので、もしかしたらの期待がありました。

　そして、初めての気功の時、主人はうめちゃんを通して「幸せにしてやれなくて申し訳ない」と言ってくれました。続けてうめちゃんから「とこちゃん、もう幸せになっていいんだよ」と言葉をかけてもらい、涙が溢れ出しました。この日から、私は思いもよらない驚愕の真実を認め、向き合うことになります。

　ある時は、主人が私のネガティブを亡くなる時に持って行ってくれたことを告げられました。またある時は、最低最悪な自分を知ることにもなりました。何と言っても凄かったのは、気功中にうめちゃんが「あれ！　何か入ってきた」と声を発した時のことです。それは何と、私の奥底にしまい込んでいた本音の部分が戻ってきたというのです。どんだけ遠くに行っていたのか（笑）。その日を境にイヤイヤ勤めていた仕事を後先考えずに辞めてしまいました。今までの自分では到底考えられない行動を起こしたのです。周りも自分もビックリです。

そして、私は嫌われたくなくて人の顔色をうかがっていた自分から、嫌われてもいい！　自分へと成長することができました。

　これからも気功、セミナーを通して揺らぐことのない自分軸（※）を持つことを目標に、今を生きて未来に向かって行きたいです。うめちゃんとうめちゃんの会の皆様に出逢うことができ、学ばせていただき感謝の気持ちでいっぱいです。
　最後に、あの時、うめちゃんのことを紹介してくれた友人に心から「ありがとう」を伝えたいと思います。

※揺らぐことのない自分軸
　たくさんのネガティブエネルギーの影響で自分自身を見失うと、その強いエネルギーに振り回されてしまい、存在感を強く出す方が多いのです。つまり、自分に注目してほしいという周りに対する承認欲求です。悪びれたり、強がったり、良く見せたり、偉そうに振る舞ったりして自分を表現します。
　しかし、富恵さんの場合は自分軸がしっかりしていたため振り回されることはなかったのですが、逆に強い自己否定のために存在感を出せずにいました。我慢していることに気づいていなかったのです。承認欲求が低かったので、私は何度も「とこちゃん（富恵さん）、いる？」と呼びかけていました。やがて自分への信頼だと気づいた富恵さんは、徐々に太くしっかりとした自分軸を確立していきました。

ひさ　50代　群馬県高崎市
　うめちゃんとの出会いは2019年の５月、とあるイベント会場でした。色々あるワークショップの中で、特に気になったうめちゃんの気功を受けてみました。受けている最中、体温が上がって汗をかいたり、睡魔に襲われたりと何だかわからない体験をしました。心の問題の中でも過去のトラウマ、親兄弟の問題など、それぞれの解決法を教えてもらい「これは何か違う、自分が変われるかもしれない」と思いました。その後１年間は月イチでうめちゃんの気功を受けました。うめちゃんが気功だけでなくセミナーを始めてからも定期的に受けています。

生後10ヶ月の頃です。私は練炭の掘りこたつの中に落ちてしまい、その時の火傷で右手第2～5指を欠損してしまいました。ちょうど胸の前に置かれたその小さな右手は、必死に私の命を救ってくれたのです。今はその右手に感謝しています。

　私は、そのことで小・中学生の時にいじめにあっていました。ただ、その体験（※）があまりにも辛かったため何も覚えていません。今でもその時の記憶はないのですが、失っていることを認識し認めることで過去と右手を受け入れることができました。以前は何か言われるのが怖くて右手を隠していましたが、今は平気で人に見せられ何を言われても心には響きませんし涙も出ません。

　うめちゃんの気功を受けていなかったら、うめちゃんの会の人たちと出会っていなかったら、今もずっとネガティブを抱えたまま、つまらない毎日を送っていたと思います。

※その体験
　特に感情が伴う出来事はしっかりと記憶します。ところが、とても恐ろしい、苦しい体験の場合、例えば最愛の子どもを失った時などは、無感情になるためその時のことを覚えていないことがあります。

マーニー　30代　埼玉県

　私は小さい時から、自分がいつ死ねるのか（※）と考えながら過ごしていた気がする。それは、両親の仲が悪いとか、いじめを受け続けるとかは関係なしに、ただ漠然と思っていた。

　10代後半、祖父の介護のために、母は実家に通うことが次第に多くなり、父の不機嫌さは増していった。その頃の私は、家族以外に興味を持つことができず、他者をどう信用すれば良いのか分からなかった。

　看護師になろうと決心したのは、女一人で生きていける職業だと思ったのが一番の理由だ。今まで死に向かっていた私の気持ちが、徐々に変わったのは、家を出て看護

師として緩和ケア病棟（看取りに多く携わる）に勤め出してからだ。必死で病いと闘っている患者や家族を目の当たりにして、"失礼"だ、ちゃんと生きよう、と思えるようになった。

　将来は家族も持ちたいと思ったが、現実はそれどころではなく、多忙な勤務のため、年に一度は原因不明で倒れていた。常に体も気持ちも重かったので、月に1回は浄化してもらうため東京に通っていた。遠隔も週1で入れながら、なんとか仕事を続けていた。

　ついには睡眠障害を患い、覚醒する薬と睡眠できる薬を交互に飲む生活になった。薬のせいで怖い夢を見ることもあった。そんなある日、覚醒させる薬を飲んで仕事をしたあと帰宅。寝ようと思って眠剤を飲んだが、神経の高ぶりが治まらず眠れなかった。追加で飲もうと思ったが、日中寝てしまうことを恐れ、眠れないなら気絶しようと自分で首を絞めた。できなかったので、絞められるものを探して室内を歩きまわった。そこで「ハッ」と気がついた。自分は、寝るために、死ぬ方法を取ろうとしていたのだ。下手したら死んでいたかもしれない。自分の痩せた両腕を見て、もう限界だと思い、私はついに仕事を辞める決心をした。

　コロナ感染防止による行動制限をきっかけに東京の先生との関係を断ち、母からうめちゃんを紹介してもらった。うめちゃんは、浄化や気功だけではなく、いろんなことを教えてくれた。まずは家族、特に父との関係。父も生きにくい世界で戦っていたのだと知った。そして、それが父から自分への無償の愛であったと思うことができた。いじめられるのも周りに目を向けない私に対し、嫌な役をかってでてくれていたのだと、腑に落とすことができた。

　その一方で、私は縁結びの神様にずっとお願いしていたが、何も無かった。そんな時、アニメにどハマりして、これがあれば自分一人でも生きていけるのではないかと思い、ついに決意する「あと1ヶ月で出会いがなかったら、私は一人で生きていきます」と、神頼みではなく宣言をするために参拝した。

　その後の気功中、うめちゃんから「いま、目の前に幸せが来てるよ！　掴みとりな」と言ってもらえた。それからひと月もしない内に、なんと職場の上司の紹介で食事のお誘いがあった。縁あってその人と結婚。

私は、うめちゃんと出会い、自分見つめをする中で、過去を振り返ることは辛くもあったけど、全て認めることができ、ようやく自分の人生を歩き出した気持ちになれた。私の前には、以前よりずっと生きやすい世界が広がっている。うめちゃんに出会わなかったら、こんなふうにはなれなかったと思う。心からの感謝をもって「うめちゃん、ありがとうございます」と伝えたい。

※自分がいつ死ねるのか
　その時、その子は両親の気持ちを読み、そう思ってしまったのです。
　幼い子どもは、周りすべてが友だちであり、自分と重ねます。大好きな両親の鏡になってしまいます。さらに、犬や猫や自然界と同じくとってもピュアであるため、両親の本音を一瞬で読み、期待に応えようとします。

中山のり子　60代　群馬県前橋市
　うめちゃんとは2016年の３月22日に出会い、気功をしてもらってからのお付き合いです。うめちゃんはとても信頼でき末永くお付き合いできる人です。

　私の人生にそれは突然起きました。2020年７月に夫を亡くしました。何の予告もなく、夫はいつものように「出かけてくる」と言い残して、そのまま帰ってこなかったのです。何が起きたのかわからない状態でした。子どもたちも遅くまで捜し回ってくれました。警察や沢山の人の助けを借りて、うめちゃんにも協力してもらい、友だちにも姪っ子の義理の父にも霊的に見てもらい、東方面にいると言われたりもしましたが、どこを捜しても見つかりませんでした。
　うめちゃんには、自分と向き合って吐き出しをするように言われました。孤独との闘いでした。夫に帰ってきてほしいと願うなか、なぜあの時こうしていなかったのかと後悔にさいなまれ、悲しく辛く寂しい日々を過ごしていました。
　それから、１ヶ月半後に警察から連絡が入りました。本人確認のためそれこそ東方面にある埼玉県へ子どもと向かいました。水死でした。覚悟はしていましたが、くつ下のことを聞かれたくらいで、夫は見せてもらえませんでした。事故当日は、雨が強

く降っていたので、川に足を滑らせて落ちたのかもしれません。そう思っています。

　こんなこともありましたが、うめちゃんのお陰で気持ちを変えることができました。うめちゃんは、あの地獄のような苦しい日々に蓋をしていた私から、堰を切るようにして吹き出したあらゆる恐怖と悲しみを一緒に受け止めてくれたのです。

　子ども、兄弟、親、友だち、仲間に支えられて今の私があります。感謝しています。

峰岸里佳　60代　群馬県
〈うめちゃんとの出会い〉

　うめちゃんと最初に出会った時に「セミナーがあるから来ない？」と誘われたのですが、うめちゃんのことわからないし、怖いと感じてしまって、断っていました。

　次に会えた時は、最初の印象と全然違っていました。セミナーに参加できたのは、タイミングと誘ってくれた仲間のお陰です。

　私は、うめちゃんの言うスピリチュアル界の放浪者でした。「自分は何者か？」を自分の内にではなく外に探し回っていたのです。やってもやっても、心に空いた大きな穴は塞がらない。どんどんわからなくなってきていても、どうしようもなかったのです。セミナーは誰でもわかりやすくシンプルなものでした。見方が180度変わりました。私は遠回りしていたなと思ったのと同時に、この遠回りが必要だったのかもしれないと感じました。

　私はセミナーを受けて、しばらくしてから気功も受けるようになりました。最初に受けた時のことは、緊張していて、あまり覚えていないのですが、涙を拭きながら部屋を出てきていたよ、と仲間から教えてもらいました。

　繰り返し受けていましたが、うめちゃんは「100％私を信じて！　自分のプライドを捨ててください。虫さん以下に自分を落としてください」と言ってくれるのですが、そうしたくても、どうやっていいのか、霧の中をさまよっている感じでした。吐き出しもしたけど、足りないのかもしれない。そう思っている時に、幸運にも仲間の気功をしている様子を見学する勉強会に参加でき、沢山の気づきがありました。見て反応

するのだから、それは同じものが自分の中にもあるってこと！　どんどん気づくことができました。そして最後はうめちゃんの愛あるカウンセリングのお陰で、自分の核心のところにたどり着きました！

　腑に落とすと、変化は一瞬で起きました。立ち上がったら姿勢も、歩き方まで変わっていました。腰の重苦しさも顔のむくみすらとれたのです。晴れやかで穏やかな温かさに包まれ、今までにない幸福感を味わいました。

　うめちゃんが、命がけで向き合って導いてくれたことに感謝の気持ちでいっぱいです。私に「無償の愛」を教えてくれてありがとうございます！

ゆず（医療従事者）　20代　埼玉県

　私は、人一倍感受性の強い人間だと思う。普段は見えるわけではないが、高校の頃から寝るとよく金縛りにあっていた。とてもリアルな感触で声も聞こえる。怖がりだったが、いつしかそれも慣れてくるくらい日常になっていた。ストレスを溜めて気持ちが沈んだ時にあいやすいのではないだろうか。なんて勝手に考えるほど、当時は気持ちの浮き沈みが多かったような気がする。

　就職したが、思い通りにいかず、不平不満が多くあった。適当に仕事をこなしている、ドライな同僚に対し、なぜもっと頑張らないのか？　自分はこんなに頑張っているのに、なぜ上司に叱責されることが多いのか？　きっと自分は言われやすいのだ。上司も変なのだと思っている自分がいた。

　だが、段々と自分が見えてきた。自分の能力を過信して、あまり相談することなく自己流で動くから叱られるのだと。上司とは真剣に向き合ってこなかった。人に対しても認めることができず、多くを求めてしまった。当然人間関係は不安定。思い通りにいかず認めてもらえない。ためこんだストレスは解消しきれず、家に帰ると家族に八つ当たり。自分にイライラする日々に、なんでこんなに大変なんだろう、苦しいのだろう？　このままではいけない、でもどうすればいいのか分からなかった。そんな私を見かねて母が「また、うめちゃんのところに行ってみない？」と言ってくれた。

以前受けた時の責められた記憶がよみがえり、これ以上苦しくなるのは嫌だと思って「そういうのと違うから」と断っていた。

　そんな時、結婚のけの字も想像していなかった姉が、突然結婚して周囲を驚かせた。お互いを尊重しあう素敵な旦那さんと楽しい家庭を築いている（たぶんそうだと思う）。姉は確かに変わった。母は仲間が沢山できてパワフルに活動していた。2人の以前よりずっと人生を楽しんでいる姿を目の当たりにして「自分も変わりたい！今度は逃げない」と決心して、気功を受けたいと相談したのが12月である。

　実は、働き方を考え1月には是非来てほしいと言ってもらえた先に転職する予定だった。職場から離れると思うと見方も冷静になれるのか、最後は真摯に向き合えて、無事に円満退職することができた。

　そして、ついにうめちゃんの気功が始まった。2年ぶりの気功は衝撃的で、自分の成長を見てもらうどころではなかった。「承認欲求が強いし、物事への依存や執着もあるね。それからプライドがとっても高い」聞きたくないことばかり言われた。キライな人は、目の前は鏡であり、自分自身だと言われ、認めることができなかった。責められて涙が出る時もあった。吐き出して、認めて許す。この吐き出しができず、回を重ねても楽にはならなかった。ある日、自宅に泊まりに行った時、母のテキストを借りて部屋で読んでみたら、吐き出し方がちゃんと書いてあった。そこからやっと前を向くことができた。

　その後の気功では、自分を守っていたバリアも取れてきて、うめちゃんの言葉がちゃんと入ってくるようになった。今まで向き合ってこなかった様々な感情にも気づけるようになった。気功を受けるたびに、自分自身のキャパ（許せる容量）が広がっていき、生きるのが以前よりずっと楽になってきた。

　あと、教えてもらって衝撃的だったのが、家族の中で自分がネガティブの引き受け役だったということ。皆が連れてきた霊的なものを引き受けていたらしい。腹に溜めて我慢している家族のネガを吸って吐き出すこともしていた。イライラも八つ当たりも、自分だけでなく周りの分まで代わりに出していたのだ。

「皆はゆずくんに感謝しなくちゃいけないんだよ。家族から自立して一人暮らしをして良かったんだよ」うめちゃんに言われたことで、その頃の苦しかった自分を認めてもらった気がして嬉しかった。

　今、この瞬間が大切だということ。自分自身の人生を歩いて生きる喜びと、人と関わることの大切さを教えてくれたうめちゃん。そして気功を受けることで出会えた仲間の皆さん、本当にありがとうございます。これからもよろしくお願いします。

香村眞佐子（歯科医師　香村DENTAL CLINIC）　60代　群馬県みどり市
〈出会い〉
　何となく気になる人が、私の目の前にいました。私の会うべき人、それがうめちゃんでした。
〈気功〉
　私は気功に興味を持っていました。気づくと、うめちゃんの「覚醒のためのセミナー」に参加し気功も受けていました。うめちゃんの仲間たちと行動を共にしていると、皆不思議な人たちであることがわかりました。
　何の力も持っていない私が、「何故、私がこの仲間の中にいるのか」という問いかけに、うめちゃんから「神から呼ばれたのよ、まこちゃんは仲間として呼ばれたのよ。何か力を持っているでしょう」と言われましたが、私には何も思い当たることはありませんでした。「それはね、持って生まれた力で道具も何も使わないで病気も治すことができる力、まこちゃんから癒やしのエネルギーが出ているの」と告げられました。「びっくり、信じられない」と思ったのですが、「信じなさい」と、眠っていた力をうめちゃんの気功によって引き出し、目覚めさせてもらいました。セミナーで学ぶことによって私のエネルギーはパワーアップしていったのでした。
〈自分見つめ、吐き出し、認める〉
　私は孤独だったのです。自分を認めてほしかったのです。これまでの人生の中で、私には何一つ苦はなかったと思っていました。あっても、それを苦とは思わなかったのかもしれません。自分見つめをしてみました。出てくる、出てくる、長い人生の中

には、こんなに沢山のことがあったことに気づきました。嫌なこと、ショックなこと、辛かったことは思い出したくないと胸の奥の「パンドラの箱」に閉じ込めていたのです。しかし、この「パンドラの箱」がなかなか開きませんでした。

〈無償の愛〉

「自分の子どもと他人の子どもが川で溺れています。あなたはどちらを助けますか?」とうめちゃんに問われました。私の答えは、「ハイ、私は助けに行きません。私は泳ぐことができませんから」でした。

　私には無償の愛というものはなく、自分を守ろうとしていました。これでは「パンドラの箱」は開くはずがありません。心を改めた私は無我夢中で吐き出しをし、それを認めました。

〈パンドラの箱〉

　やっと「パンドラの箱」が開きました。身体中に光の束が差し込み、胸が大きく広がり、目は喜びの涙でいっぱいでした。その瞬間「私の世界が変わった!」と思いました。うめちゃん、ありがとうございます。感謝感激!

　うめちゃんとの運命の出会いで素晴らしい仲間に囲まれて、私の人生がバラ色に染まりました。世界は1つ、私は幸せの光で輝いていきます。

よう（整体師）　50代　群馬県

　うめちゃんを初めて見たのは、2021年の4月1日高山神社の月次祭でした。その後も、顔見知り程度で話すことはありませんでした。

　その年の11月7日、あるセミナー会場でうめちゃんの姿を見かけました。講師の方が会場にいらしたお客様を次々と除霊する様子を披露していました。ところが、うめちゃんは、見えないようテーブルの下で左手を動かしていたので、思い切って声を掛けました。すると「やられていることが、除霊だから、周りに巻き散らかしているだけなの。それが側にいる人にくっついたりしているから大変な状況。やってもらった人だって、一時的には楽になるかもしれないけど、考え方が変わらなければ、また戻ってくるだけ。周りの人がもらう前に、皆さん、上に上がってもらっているの」と、とても丁寧に、うめちゃんの浄化がどういうものなのか、今どういうことになっているかを教えてもらいました。

　この説明で十分でした。一言でいったら「次元が違う」「そうだ、私が求めていたのはこの人だ！」そう直感しました。

　そして、この2週間後の11月20日、私はうめちゃんの気功を受けました。初めての気功は、ふわふわした感覚と混乱。デトックスがしばらく続きました。言われた内容がショック過ぎて受け入れるのに、相当な時間がかかりました。

　私が整体師として、お客さまに対して何とかしてあげたいという強い思いをもって施術していたことを、指摘されました。「悪いと思うから何とかしてあげたいって思うわけでしょ。上から目線でやっていたって、悪い悪いが相手に行っちゃう。悪くしているのはあなたです」というのです。気功を受けた他の人と比べても、私に対してだけ強い口調だったことも気になっていました。

　次の気功で、私自身が、毅然とした態度で厳しく指摘をされることを望んでいたということがわかりました。気功のたび衝撃は続きますが、ずっと自分の中にあった違和感や疑問が徐々に解けていきました。

「感情を爆発させなさいよ、無感情！　本音は逆でしょ」こう言われるまで、自分に感情があまりないことに気づいていませんでした。

　依存、執着、プライドが人一倍強いそうです。それは自分を守るためのものでした。

あと、私には幼年期の記憶がありませんでした。私が知らなかった本当の自分を突きつけられましたが、考えても考えてもわからなくて、苦しい日々が続きました。うめちゃんは沢山のエネルギーと時間を掛けて何度も何度も向き合ってくれました。仲間も親身になって助けてくれました。わかっているつもり、覚悟したつもり、本音で吐き出しているつもりの中で、結局は堂々巡りでした。

　そしてついに最後通牒が言い渡されます。
「もう無理！　時間の無駄！　依存し過ぎ！　やめちゃいなよ」と、うめちゃんから全否定された私は、誰にも頼れない孤独の中でようやく自分見つめを始めました。
　しばらくして、様子を見に来てくれたうめちゃんから「ようちゃん、よく頑張ったね」と言ってもらえました。最高に嬉しい言葉です。

　そして、ついに私の中にある大きな闇の正体がわかりました。自分自身が創り出した世界で、勝手にはまって抜け出せないでいる闇は、死に別れたパートナーのことでした。それは彼女自身が抱えていた物だというのです。ちょうど、うめちゃんとセミナー会場で話した翌日が1年目の命日でした。彼女がうめちゃんに会わせてくれたと思っていました。自分を守ってくれていると、ずっと感謝してきました。でもうめちゃんは、「思い起こさせるものはすべて整理して」と言いました。
　ずっと何もできずそのままになっていた部屋を改めて見渡すと、わかりました。すべてが依存に溢れていました。支え合って生きてきたのではなく、私の一方的な依存であったことに気づかされ、断捨離を決意しました。
　さらに吐き出しをしていくと、今までにないくらい深く、強く感情が溢れてきました。「私は虫けらゴミ以下！　今に集中！　自分を信じ、今を生きろ！」と言い続けています。
「感情」に感謝！「無償の愛」をありがとう。出会わせてくれてありがとう。出会ってくれてありがとう。これからの道のりも、うめちゃん、皆さんよろしくお願いいたします。

アラオカ　エミコ（手芸作家）　40代　群馬県大泉町
〈強烈なデトックス体験〉

　友人のみさからうめちゃんの話を聞いて、とても興味をもった私は、お茶会に連れて行ってもらいました。そこで初めてうめちゃんと、メンバーの皆さんと会ったのでした。

　数時間皆さんと過ごしたのち、2人で帰路に着いたのですが、車に乗り10分ほどした頃、体調に変化が・・。車に酔ったかな？と思っていると、徐々に吐き気と腹痛が強くなっていきました。家に着いても自力で玄関を開けられず、みさに開けてもらって入ることができました。トイレに駆け込んでからどれくらいたったでしょうか、便器を抱えた状態で過ごしながら、身体はすごく辛いのに「出たかったんだね。もう我慢しないで出ていいよ。ありがとう」と、私の中はこんな感情でいっぱいでした。体調不良に対してこんな気持ちになったのは初めてでした。

　ようやく出るものも無くなって落ち着いたのですが、今度は脱力感と寒さに震えて動けなくなり、うめちゃんに助けを求めました。その場で遠隔でヒーリングをしてもらいほどなくして、ベッドに移動することができました。

　翌日、メンバーの皆さんに仲間入りのご挨拶と、デトックスの経緯を書いてラインで送ったところ、「反応早いね」「おめでとう」と返信をもらいました。

　これまで体調不良になることに、すごくネガティブになっていた私は、色々なことに自ら制限をかけながら生活していました。それが一番の悩みだったのですが、今回のことで体調不良に対する概念が変わり、少しずつ克服しつつあるように思います。

　体調が良好時には、それが当たり前のように感謝もせず、逆に体調を崩すと、早く治したくて薬を服用する。こんな私が、今では、これは違うんじゃないかという考えになり、身体に向き合い、自己治癒力を信頼するようになりました。

　一進一退ではありますが、少しずつ身体が軽くなり始めています。「次は感情のデトックスかなぁ」と、この先が楽しみで仕方ないです。うめちゃんありがとうございます。

豊田恵子（鹿乃　※構成作家）　50代　埼玉県熊谷市

〈うめちゃんに出会えた奇跡〉

　私がうめちゃんに会わせてもらったのは2012年3月20日のこと。うめちゃんの近所の方からでした。「友だちなんだけど医者に行くたび病気が動くって言うのよ。みてあげて」と。私が簡単な占いをやっていたことで繋いでもらえたのです。もちろん占いで解決するわけもないので、東京でホリスティック療法で評判の先生を紹介しました。うめちゃんは私を見て「なんて暗い人だろう」と思ったそうです。その時の私は、1月に20年間闘病していた実父を母に次いで亡くしたばかりで気持ちは沈んでいました。ただうめちゃんが見ていた暗さは、もっと深い所にいる私だったようです。

　東京の先生は一目で本人すら気づいていないうめちゃんの資質を見抜きました。スタッフAさんに「この子の前世を調べておいて」と指示を出していたそうです。Aさんは色々なものが見えます。浄化をしていると、うめちゃんの頭に巨大な筒が現れ、すごい勢いで上がっていくと言って、よく感動していました（普通の人は、チョロチョロくらいしか出ないそうです）。

　その頃の私は、亡くなった両親の人生を引きずったまま、解決のつかない嫁ぎ先の問題ですでに心が壊れていました。体は吸い込んだ何かでお腹も膨れ気持ちが悪く、時々熱っぽく体が重くなるため、ひと月に1回は、私も浄化してもらいに東京に通う必要がありました。

　一方うめちゃんは、先生のセミナーに入る時は週1回のペースで通うこともありました。「払っても払っても体がスポンジだから、毎回いっぱいくっつけて来る。長年くっついているものは、あなたの命をも支えているのだから一度には取れないわよ」と言われていたそうです。初級セミナーの日程に合わなければ、いきなり中級クラス（10年学んだ人向き）に入れてもらえるほどうめちゃんは特別待遇でした。自己浄化の仕方は教えてもらえるので、私たちは日常の簡単な自己ヒーリングはできていました。そんな私も既に10年は通っていましたが、身体が軽くなっても一時的なもので、重くなるのは変わりませんでした。ただ、これが普通のことだと思っていました。

　2012年12月20日を過ぎた頃、うめちゃんに一つのメッセージが下りてきました。

「オバマさんを浄化してください」と。なんで私がアメリカの大統領を浄化しなくちゃいけないの？　と思いながらも毎晩30分かけて、彼の家族やホワイトハウスもやっていたそうです。さらにその３ヶ月後追加がありました。「世界中のライトワーカーを浄化してください」と。わけがわからないながらも、ひたすら１年半やり続けたそうです。後に本人も「私の遠隔で浄化する力は、ここで培われたものなの」と笑って話しています。

　2015年東京に通って３年が経ちました。先生が海外の自宅に戻られている８月は、Ａさんが先生の浄化をする能力を遠隔で受け取りながら留守を預かっています。そんな時にうめちゃんは、勝手に卒業を宣言して通うことをやめてしまいました。帰国して知った先生の怒りは相当なもので、Ａさんは不手際があったということで辞めることになりました。それだけうめちゃんに対する期待が半端なくすごかったということでしょう。ただ先生にしてみれば、自分で払いきれないのだから、また戻ってくると思っていたようです。

　やめるに至ったうめちゃんの考えは「私ね、先生と並んだ瞬間がわかっちゃったの。これからはもう自分で浄化できるよう自立していかなくちゃ。それにはただ、自分の意識を変えればいいだけなの。自分が出しているエネルギーは良いものだと考えを変えるだけでいいのよ」ということでした。当時の私は、憑いているものが良いものだと思うことはできませんでした。それより心配が先でした。「あれだけ集めやすいのに、どうやってこれから先生の浄化なしで生きていくの？」自分で払えなければ身近な動物が身代わりになるしかないということを、うめちゃんは今までの経験から嫌というほど分かっていたはずです。それをあえて孤立無援にしたのは、かなりの覚悟だったと思います。それは、８月20日にやり取りしたメールでも分かりました。

　話は一旦前年の2014年に戻りますが、うめちゃんは３月22日に18年間共に暮らした最愛の犬のうめちゃんを亡くします。ひと月も経たずして４月には昔からの数少ない理解者だった親友の女性が天に召されます。うめちゃんは助けたい一心で自分の命を差し出すと言ってハイヤーセルフに懇願しました。無茶を言うハイヤーセルフに文句も言ったそうです。そのあとも、飼っている猫たちの事故は続きうめちゃんは苦しみ

ました。このどん底の思いから「このままじゃダメだ、仔猫がみんな死んでじゃう、何とかしなくちゃ」と真剣に考えたに違いありません。恐らくこの時の本気が翌年の自立という卒業につながっていったのでしょう。

　その一方で、ずっと浄化を先生に頼るしかないという私の状態はまさしく依存でした。うめちゃんが意識を変えることだと教えてくれますが、頼るしかないということ、それこそが３次元的な枠だということを考えもしませんでした。

　そんなうめちゃんが、目をキラキラさせて「私わかったの！　世の中に上も下もないの。神様もみんな同じ。全部平等で、全部自由なの」と語ってくれました。さらに照れくさそうに、にんまりしながらこう続けます。「それで私ね、世の中にこれを広めていこうと思うの」こう話してくれたのは2015年８月27日のことでした。「えっ……何言ってるの？」ピンとこない私と違って、人の世の仕組みをこの時すでにうめちゃんは腑に落としていたのでしょう。

　少し間があき、次に会ったのは12月22日でした。宇宙は愛に溢れているということを語ってくれました。「私ね、実はエネルギーが出せるようになったの」と、黙って両手を握って気を送ってくれました。ピリピリする感じがわかって、初めての体感に驚くと同時にうめちゃんが何だか目覚めてきているのを実感できました。

　この気功ですが、同年３月11日にうめちゃんが乗っていた電車が熊谷で２時間も停まるというアクシデントがありました。前に座っていた高崎の気功師との出会いがあって、うめちゃんは教えてもらうチャンスを得ていたのです。くだんの話ですが、電車に接触した人は奇跡的に怪我ですみ病院に運ばれたことをアナウンスしていたそうです。どう考えても神様の采配を考えずにはいられない出来事でした。

　私が一番心配していたうめちゃんのいっぱい集めてしまうスポンジ体質ですが、これもまたスゴイことになっていました。神様が期間限定で瞬間浄化装置をうめちゃんの頭に付けてくれたらしく、そばに近づくモノすべてを問答無用で一気に上げてくれたそうです。この見えない装置のことは、他でも聞いたことはありましたが、何よりうめちゃんが元気だったので信じるしか他ありません。

　2016年２月12日には、高崎でリンパを流す気功師の人、ネイルをする人、うめちゃ

んのフェアリータッチで気功をする3人でお店を始めました。私はお店には行きませんでしたが、会った時に「また違うエネルギーが出せるようになったよ」「浄化しようか？」と言ってくれるので、してもらっていました。うめちゃんの出すエネルギーは、会うたびに強くなっていくし、語ってくれる話の内容も深くスケールも徐々に大きくなっていきました。

　そして高崎のお店は3人のバランスが早々に崩れ、長くは続きませんでした。この頃のうめちゃんですが、仕事をしていない時は、日々ココスに通い1日中勉強をしていたそうです。バイブルは人類初の生きたまま次元上昇したというラムサのことを書いた本。100回は読み重ね、大事なことは書き出していつでも読めるように自分のノートを作っていたほどです。この結果、多くの情報に手を出さなかったこと、浄化も気功も自己流で師となる先生がいなかったことが功を奏して、うめちゃんは後に1つの考えを導き出します。
「どんどん吐き出して腑に落としていく。精神性（霊性）を高め、身体が上がった精神に追いつくようデトックスをしていく。この繰り返しでいいの」何十年も苦しい修行を命がけでやってきた修験者から見たら、超簡単なうめちゃんの覚醒と次元上昇の基本。それが、こんなにも短期間で生み出されていったのです。

　2018年になると、うめちゃんは赤城山の遊民谷のイベントで気功浄化をやっていました。相談内容が難しくなっていくと、自宅に行き、家族だけでなく周辺の土地や建物までやるようになっていきました。同じ年の8月私にガンが見つかりました。検査の結果が出て手術日が決まった2日後、偶然にもうめちゃんと会う予定になっていたので伝えました。直接エネルギーを送ってもらったその夜、うめちゃんが電話をくれました。「大丈夫だって。上手くいくっていう声を聞いたよ」と。そして無事手術も終わり、次に会った時「これで完了だって。いま声がしたよ」とうめちゃんが言うのです。「かのちゃんが、自分で完了させればいいんだよ」この言葉でこれが意識を変えることだと、どこか腑に落ちるのが感覚でわかりました。

　さて、以前より動物と話したり公園の木に話しかけられていたうめちゃんですが、突然自動書記的なスピードで犬の物語を綴っていきます。これについては、この年の

155

1月まで話は遡ります。「何でもいいから始めてください。すべてはスタンバイしています」という声が聞こえてきたそうです。最初は何をしていいのかわからなかったようですが、4月の声を聞くや否やそれは突然始まりました。ひたすらノートに綴りパソコンに打ち込む作業をやっていたそうです。

2019年のお正月が明けて会った時には「私、今、うめちゃんの物語書いているの」と教えてくれて、やたら楽しそうでした。そして4月2日のランチの席でいきなり原稿の束を見せられた時には、本当に驚きました。正直、あまりの出来の良さに「この人の才能は何処に向かっているのだろう」と思ったくらいです。物語については、実際にあった出来事を犬のうめちゃんの話す言葉で進んでいくところが、本当に楽しく愉快で、言っていることは奥深いのです。「犬の文化向上に役立てたいの」と言ううめちゃん。どちらの目線にも立っているので、犬の気持ちがよくわかって、どうしてあげるのが一番良いのかも教えてもらえます。間違いなく犬の育て方のバイブル本になると思いました。この膨大な3部作の出版が待たれるところです。

さて話を戻します。2019年3月22日、うめちゃんに決定的なことが起きました。地球（ガイヤ）と宇宙の両方からエネルギーを受け取れるようになったと言うのです。即日、例の瞬間浄化システムの器械は外されました。遠巻きにしていた竜たちはうめちゃんに寄って来れるようになりましたが、いきなり自力になっては相当大変だったようです。ついにうめちゃんの進化拡大が始まり、どんどん事が運びだします。4月30日には、出羽三山を浄化するよう山形の地に呼ばれます。10月31日に首里城焼失というショッキングなことが起きましたが、このひと月前の9月30日には、既に避難して来た沖縄の神様たちの浄化など、規模が神クラスになっていきました。神様の本体は人などを輿にしてしか移動できないので、この時、前世巫女だった方が命がけで沖縄から運んでくれています。その頃うめちゃんは、既に4月から個人のお宅をお借りして浄化セッションを始めていました。同時に前橋のソラカフェさんでもイベントを開催していました。そしてついに私も東京と縁が切れないまま、8月30日からお世話になることに決めました。うめちゃんのセッションでは、まずチャクラを整えていきます。吐き出して認める。枠を取り意識を変えて自分軸を作ることに力を入れてく

れます。

「腑に落としてきたから、今日のエネルギーは違うよ」と言ううめちゃん。この頃の
うめちゃんは一晩かけ泣き叫びながら過去世の自分と向き合っていました。とことん
吐き出し認めて自分を上げて、セッションに臨んで来てくれているのです。セッショ
ンでは魂を絞り出すような泣きの気功（私の悲しみを感じて）をしてもらいました。
それでも私は自分のパンドラの箱をなかなか開けることができず、長い間涙は出てき
ませんでした。東京の先生の所は今までの恩を考えると、なかなかやめることができ
ませんでした。この頃には先生に気持ちを読まれてか、その場で次の予約を必ず入れ
ることになっていたからです。

　そして8月20日のことです。うめちゃんとランチしている時にそれは起こりました。
うめちゃんが急に言ったのです「あっ今、先生のお釈迦様が私のところに来た」と。
もちろん私には見えません。先生のお釈迦様は、浄化のサポートをしてくれている最
上クラスの方で、ビル1棟を一気に浄化したり、亡くなった方を集団で上げる時にも
手を貸してくださいます。そのお釈迦様がうめちゃんの目の前にいると言うのです。
うめちゃんが少し前に先生の遠隔浄化をやった時に、先生のハイヤーセルフが現れお
礼を言って来たそうです。その流れで来られたお釈迦様。先生の引退が近づいている
ような気がしました。その後先生は変わりました。通っている人たちが、効いていな
い気がすると口々に言うようになったのです。2020年になるとコロナ蔓延防止で行動
規制がかかり、私はそれを理由にして、長年お世話になった先生との縁を円満に切ら
せてもらうことができました。

　うめちゃんには、神々や竜だけでなく沢山のサポートがあります。錚々たるメン
バーの中には「あとのことは頼みましたよ」と告げてきたイエス・キリストもいます。
あの時のお釈迦様は、あれからすぐに上がって、さらにバージョンアップしたお釈迦
様になって下りて来たそうです。ただうめちゃんは浄化の時に自分からサポートのお
願いはしていません。ただ手を貸してくださっているのを時々感じることはあるそう
です。
「憑いてくださる方は皆良い方。あなたのネガティブを取ってあげようとしてくれて

いるの。まだここにネガティブがあるよって教えてくれているの」と繰り返し説くうめちゃんのお陰で、ようやく枠が取れた私は、今では身体も気持ちも軽くなり、うそのように楽になっています。ネガティブも少なくなり意識（周波数や波動）が変わると、引き寄せるものも変わるからだそうです。私ほど暗い闇を持ち、掘っても掘ってもいくつもの箱が出てくる人は他にいなかったと言われました。うめちゃん泣かせと言っているMちゃんはまだ浅い方です。私は自分を守るために闇のドームの中に隠れていたらしいのですから。

　今世でうめちゃんに出会えた奇跡。私の魂はさまよい続けていました。ずっと孤独で惨めで辛かったのです。それこそ長い間渇望していたものが「愛」でした。私はうめちゃんによって本当の自分を知ることができました。そんな最低最悪の自分を認められた時、私はようやく義母を含めた「穏やかな家族の愛」と、うめちゃんの周りに集う本音で付き合える「大切な仲間と分かち合える愛」を手にすることができました。私を取り巻くすべてのものが愛をもって見守ってくれていることを感じています。
　うめちゃん、孤独の中にいた私の魂を救ってくれてありがとう。本当に心から感謝しています。

※「UME 世界浄化チャンネル」YouTubeにて配信中

UME

発足　2021年4月1日

目的　救済

理念　私たちは他人を救うことにより自分自身も救うことになると考えています。他人を不幸
　　　にして自分だけ幸せになることはできません。実現すべき全体像は、私の幸せが皆の幸
　　　せであり、皆の幸せがこの地球の幸せであり、この地球の幸せが宇宙の幸せであるとい
　　　う世界観です。すべてが1つ「ワンネス」です。

　　　昔々、アトランティスの時代に大洪水が起きて大陸が滅びました。それは、自分だけ良
　　　ければ良いという思いが貧富の差を生み、アトランティスは荒廃し崩壊の道を辿りまし
　　　た。それを二度と繰り返さないために多くの人々が立ち上がりました。そして、私たち
　　　の願いが宇宙に届き、ついに宇宙初の生きたまま次元上昇が今まさに起きています。

　　　UMEは、競争、対立から融和、止揚へという価値観の下、新しい世界を築くための活動
　　　をする団体です。運営は、講演や本の出版等を中心に、会の理念に賛同される方の浄財
　　　も募り「救済のための還元」を主旨として発足しました。

　　　日月神示より引用
　　　三千世界、一度に開く梅の花、節分の煎り豆には花が咲く、鬼は内、福は内

　　　※止揚とは
　　　　　あるものをそのものとして否定するが、契機として保存し、より高い段階で生かす
　　　　　こと。相手の考えを尊重し、自分の中にどう取り入れて行くか。
　　　※浄財とは
　　　　　浄財とは、けがれのない（＝浄）富（＝財）という意味で、寄付金など見返りを求
　　　　　めず差し出される金をいう。

著者／宇女
本文校正／朔ら
校正（出版に寄せて）／鹿乃
挿絵／しまだまゆみ
企画者／UME企画

☆ホームページ https://www.ume-jouka.com
☆YouTube「UME 世界浄化チャンネル」
☆インスタグラム @UME_PURIFICATION

YouTube　　インスタグラム

未来に向かって「覚醒」するためのテキスト
（完全版）光の誕生

2024年 6 月15日　初版第 1 刷発行

著　者　宇女
発行者　瓜谷 綱延
発行所　株式会社文芸社
　　　　〒160-0022　東京都新宿区新宿1－10－1
　　　　　　　　　電話　03-5369-3060（代表）
　　　　　　　　　　　　03-5369-2299（販売）

印刷所　図書印刷株式会社

ISBN978-4-286-25423-4

これを最愛の人・自分に送ります